平成29年版学習指導要領対応

はじめての家庭科指導

開隆堂

はじめに

　5年生ではじめて学ぶ家庭科に，子どもたちはわくわく・どきどきしています。

　子どもたちのわくわく・どきどき感を喚起し，「知りたい」「できるようになりたい」という子どもの思いや願いを持続させながら「わかった」「できた」という授業をしたいものです。

　では，はじめて家庭科を指導するにあたって，教師はどのような準備をすればよいでしょうか。

　教師自身が楽しみながら自信をもって生き生きと指導すれば，子どもたちも家庭科学習が好きになり，家庭科の時間が楽しくなることでしょう。

　本書は，これから家庭科の授業にチャレンジしようという先生方の要望に応えるために2008年に編集された家庭科指導入門書を，学習指導要領の改訂に伴って，内容を見直し，新しい学習指導要領に沿って再編集したものです。

　子どもたちが家庭科学習を通して，「おもしろい」「もっとやってみよう」と実感したとき，その輝く表情は，教師にとって何よりの手ごたえと励みになって，家庭科指導への喜びになっていくことでしょう。

　本書が，そのための一助となりますことを願っています。

2018年4月

もくじ

はじめに ……………………………………………… 3

Ⅰ章　家庭科ってこんな教科です …………………… 7

家庭科のガイダンス ……………………………………… 8
小学校家庭科の学習指導要領 …………………………… 10
指導計画を立てましょう ………………………………… 14
2年間を見通した年間指導計画の例 …………………… 16
子どもの思考の流れを考えた指導案の例 ……………… 18

Ⅱ章　はじめての家庭科の授業 ……………………… 19

はじめての家庭科の授業から2年間を見通して ……… 20
家庭科室の環境整備〜ある家庭科室の例から ………… 22
調理実習で身につけること ……………………………… 24
調理実習の進め方 ………………………………………… 26
はじめての調理実習の例―野菜をゆでてみよう ……… 28
製作実習で身につけること ……………………………… 32
製作実習の進め方 ………………………………………… 34
はじめての製作実習の例―針と糸を使ってみよう …… 36
家庭科で生かす言語活動 ………………………………… 40

Ⅲ章　家庭科指導Q&A ・・・・・・・・・・・・・・・・・・41

- **Q** 家庭科室での安全確保にはどのようなことに気をつければよいですか？・・・・42
- **Q** 事故が起こったときはどのような対処をしたらよいですか？・・・・・・・・44
- **Q** 家庭科室の備品の整備はどうしたらよいですか？・・・・・・・・・・・・45
- **Q** 実習で使う材料を準備するにはどのような方法がありますか？・・・・・・46
- **Q** 裁縫用具はどのように準備させたらよいですか？・・・・・・・・・・・48
- **Q** 実習の際の板書のしかたを教えてください。・・・・・・・・・・・・・49
- **Q** 製作実習に欠かせないものは何ですか？・・・・・・・・・・・・・・・50
- **Q** 子どもの関心を高めるために効果的なことは何ですか？・・・・・・・・51
- **Q** 家庭科におけるグループ学習はどのように進めればよいですか？・・・・・52
- **Q** ワークシートはどのようなときに使うとよいでしょうか？・・・・・・・54
- **Q** 家庭科では問題解決的な学習をどのように扱えばよいのでしょうか？・・・56
- **Q** 調理や製作実習の指導に自信がありません。どのように指導するとよいですか？・・・57
- **Q** 調理や製作実習の評価はどのように行うとよいですか？・・・・・・・・58
- **Q** 調理実習の題材はどのような流れで進めればよいですか？・・・・・・・60
- **Q** ほうちょうを使うときにはどのようなことに気をつけさせたらよいですか？・・・62
- **Q** 食材・用具・食器の洗い方の指導はどのようにしたらよいですか？・・・・63
- **Q** 火を扱うときに気をつけさせることは何ですか？・・・・・・・・・・・64
- **Q** 実習が終わった後に教師がすることは何ですか？・・・・・・・・・・・65
- **Q** 製作の題材はどのような流れで進めればよいですか？・・・・・・・・・66
- **Q** 針の扱いで気をつけることは何ですか？・・・・・・・・・・・・・・68
- **Q** はさみの扱いで気をつけることは何ですか？・・・・・・・・・・・・69

Q ミシンの扱いで気をつけることは何ですか？・・・・・・・・**70**
Q アイロンを使うときに気をつけることは何ですか？・・・・・・・・**72**
Q 家族と家庭生活はどのように扱えばよいですか？・・・・・・・・**73**
Q「食生活」に関してはどのような題材を扱えばよいですか？・・・・・・・・**74**
Q「衣生活」に関してはどのような題材を扱えばよいですか？・・・・・・・・**77**
Q「住生活」に関してはどのような題材を扱えばよいですか？・・・・・・・・**79**
Q「消費生活・環境」に関してはどのような題材を扱えばよいですか？・・・・・・・・**81**
Q 指導を効果的に行うために実験を取り入れた題材を教えてください。・・・・・・・・**83**
Q 学習したことを家庭実践につなげるにはどうすればよいですか？・・・・・・・・**86**
Q 家庭と協力をするにはどうすればよいですか？・・・・・・・・**87**
Q 夏休みや冬休みの課題は何を出せばよいですか？・・・・・・・・**88**

Ⅳ章　家庭科の基礎知識・・・・・・・・**91**

基本1　家庭科で使う用具をそろえよう・・・・・・・・**92**
基本2　五大栄養素とそのはたらき・・・・・・・・**94**
基本3　食品の選び方・・・・・・・・**96**
基本4　ほうちょうの使い方・・・・・・・・**98**
基本5　製作実習の基本・・・・・・・・**100**
基本6　ミシンのトラブルと対策・・・・・・・・**102**
基本7　知っていると便利な用語・・・・・・・・**104**

●参考資料　中学校技術・家庭科　学習指導要領　[家庭分野]・・・・・・・・**106**
　　　　　　実習の指導・・・・・・・・**109**
　　　　　　特別支援教育・・・・・・・・**111**

I章

家庭科ってこんな教科です

家庭科のガイダンス

家庭科は5年生になってはじめて学ぶ教科です。児童の「思い」や「気づき」を大切にして，児童が**わくわく・どきどき**しながら，これからの家庭生活の基礎となる力と，実践していく力を身につけていく教科です。

1. 生きる力を育てる家庭科教育

家庭科は，よりよい生活者を育てる重要な教科となっていますが，それは次のような特質によるものです。

☆人間づくりに深くかかわる教科です。

家族や家庭の生活について関心を深め，家族や身近な人びととの心豊かな生活を目指して実践する能力や態度を育てる教科です。児童一人ひとりが自分の生き方，在り方を考える基盤となる人間教育の教科といえます。

☆知識・技能を生活する力へと転化する教科です。

家庭科の学習はいわゆる机の上で得た知識だけで完結したのでは意味がありません。実際の生活に生かしてこそ意味があるというものです。

たとえば卵の学習をした児童が栄養的なバランスを考え，インスタントラーメンに卵を入れる，上手に割れるかどうか胸をどきどきさせながら割った，うまく割れた，よかった‥‥そんな喜びと自信が生活する力になっていきます。

☆実践的な学習の過程で重要な能力を育てることができる教科です。

従来から家庭科は実践的・体験的な学習を中核としています。

たとえば"モノづくり"の学習をするとき，何を作ろうかと考え，材料や時間，難易度などを総合的に判断し決定します。製作の計画を見通しをもって立てて，必要な技術を習得し，実習・製作をします。創意工夫し完成の喜びなど多くの貴重な能力を身につけることができます。

☆生涯学習や生き方の基盤を培う教科です。

家庭科は生活する観点から衣食住や消費，環境などを総合的にとらえて学び，将来の家庭生活をよりよくする能力を育てるものです。価値観が多様化し，国際社会や情報社会もますます進展し変化する社会の中で，自分らしい生き方を見つけ，持続可能な社会を構築するためにも充実した生活をつくっていかなければなりません。家庭科の学習を通して広くバランスのとれた生活のしかたを身につけ，自分の生き方を見つけることができる重要な教科です。

2. 家庭科の目標とその内容

家庭科教育のねらいは，学習指導要領（平成32(2020)年4月1日から全面実施）の目標に記されているように，

> 　生活の営みに係る見方・考え方を働かせ，衣食住などに関する実践的・体験的な活動を通して，生活をよりよくしようと工夫する資質・能力を次のとおり育成することを目指す。
> (1) 家族や家庭，衣食住，消費や環境などについて，日常生活に必要な基礎的な理解を図るとともに，それらに係る技能を身に付けるようにする。
> (2) 日常生活の中から問題を見いだして課題を設定し，様々な解決方法を考え，実践を評価・改善し，考えたことを表現するなど，課題を解決する力を養う。
> (3) 家庭生活を大切にする心情を育み，家族や地域の人々との関わりを考え，家族の一員として，生活をよりよくしようと工夫する実践的な態度を養う。

ことです。

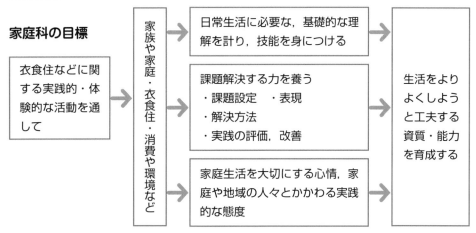

上図に示したように，家族や家庭，衣食住，消費や環境などにかかわる生活事象を「協力・協働，健康・快適・安全，生活文化の継承・創造，持続可能な社会の構築」などの視点からよりよい生活をよりよく工夫していく力，創造していく力を養おうとしています。内容の枠組は「A　家族・家庭生活」「B　衣食住の生活」「C　消費生活・環境」となっています。

3. 家庭科の学び方
家庭科の授業は下の図のように，循環するイメージがもてます。

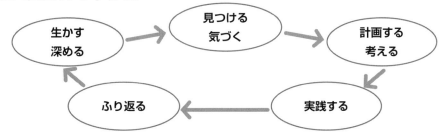

小学校家庭科の学習指導要領

　2017年3月に，改訂の学習指導要領が告示されました。この改訂では，AI（人工知能）の飛躍的進化などにより，社会構造や雇用環境が劇的に変化することが予想される中で，実社会・実生活の高度な問題解決に必要な「資質・能力」の育成が大きく掲げられて，各教科とも「見方・考え方」が示されています。家庭科では，「生活の営みに係る見方・考え方」として，「協力・協働」「健康・快適・安全」「生活文化の継承・創造」「持続可能な社会の構築」の4つの視点が示され，目標を実現するために，この考え方を拠りどころとして学習を進めることとされています。

第1　目標

　生活の営みに係る見方・考え方を働かせ，衣食住などに関する実践的・体験的な活動を通して，生活をよりよくしようと工夫する資質・能力を次のとおり育成することを目指す。
(1) 家族や家庭，衣食住，消費や環境などについて，日常生活に必要な基礎的な理解を図るとともに，それらに係る技能を身に付けるようにする。
(2) 日常生活の中から問題を見いだして課題を設定し，様々な解決方法を考え，実践を評価・改善し，考えたことを表現するなど，課題を解決する力を養う。
(3) 家庭生活を大切にする心情を育み，家族や地域の人々との関わりを考え，家族の一員として，生活をよりよくしようと工夫する実践的な態度を養う。

第2　各学年の内容

〔第5学年及び第6学年〕
1　内　容

A　家族・家庭生活

　次の(1)から(4)までの項目について，課題をもって，家族や地域の人々と協力し，よりよい家庭生活に向けて考え，工夫する活動を通して，次の事項を身に付けることができるよう指導する。
(1) 自分の成長と家族・家庭生活
　ア　自分の成長を自覚し，家庭生活と家族の大切さや家庭生活が家族の協力によって営まれていることに気付くこと。
(2) 家庭生活と仕事
　ア　家庭には，家庭生活を支える仕事があり，互いに協力し分担する必要があることや生活時間の有効な使い方について理解すること。
　イ　家庭の仕事の計画を考え，工夫すること。
(3) 家族や地域の人々との関わり
　ア　次のような知識を身に付けること。
　　(ア) 家族との触れ合いや団らんの大切さについて理解すること。
　　(イ) 家庭生活は地域の人々との関わりで成り立っていることが分かり，地域の人々との協力が大切であることを理解すること。
　イ　家族や地域の人々とのよりよい関わりについて考え，工夫すること。
(4) 家族・家庭生活についての課題と実践
　ア　日常生活の中から問題を見いだして課題を設定し，よりよい生活を考え，計画を立てて実践できること。

B　衣食住の生活

　次の(1)から(6)までの項目について，課題をもって，健康・快適・安全で豊かな食生活，衣生活，住生活に向けて考え，工夫する活動を通して，次の事項を身に付けることができるよう指導する。
(1) 食事の役割
　ア　食事の役割が分かり，日常の食事の大切さと食事の仕方について理解すること。
　イ　楽しく食べるために日常の食事の仕方を考え，工夫すること。
(2) 調理の基礎
　ア　次のような知識及び技能を身に付けること。
　　(ア) 調理に必要な材料の分量や手順が分かり，調理計画について理解すること。
　　(イ) 調理に必要な用具や食器の安全で衛生的な取扱い及び加熱用調理器具の安全な取扱いについて理解し，適切に使用できること。

（ウ）材料に応じた洗い方，調理に適した切り方，味の付け方，盛り付け，配膳及び後片付けを理解し，適切にできること。
　（エ）材料に適したゆで方，いため方を理解し，適切にできること。
　（オ）伝統的な日常食である米飯及びみそ汁の調理の仕方を理解し，適切にできること。
イ　おいしく食べるために調理計画を考え，調理の仕方を工夫すること。
（3）栄養を考えた食事
ア　次のような知識を身に付けること。
　（ア）体に必要な栄養素の種類と主な働きについて理解すること。
　（イ）食品の栄養的な特徴が分かり，料理や食品を組み合わせてとる必要があることを理解すること。
　（ウ）献立を構成する要素が分かり，1食分の献立作成の方法について理解すること。
イ　1食分の献立について栄養のバランスを考え，工夫すること。
（4）衣服の着用と手入れ
ア　次のような知識及び技能を身に付けること。
　（ア）衣服の主な働きが分かり，季節や状況に応じた日常着の快適な着方について理解すること。
　（イ）日常着の手入れが必要であることや，ボタンの付け方及び洗濯の仕方を理解し，適切にできること。
イ　日常着の快適な着方や手入れの仕方を考え，工夫すること。
（5）生活を豊かにするための布を用いた製作
ア　次のような知識及び技能を身に付けること。
　（ア）製作に必要な材料や手順が分かり，製作計画について理解すること。
　（イ）手縫いやミシン縫いによる目的に応じた縫い方及び用具の安全な取扱いについて理解し，適切にできること。
イ　生活を豊かにするために布を用いた物の製作計画を考え，製作を工夫すること。
（6）快適な住まい方
ア　次のような知識及び技能を身に付けること。

　（ア）住まいの主な働きが分かり，季節の変化に合わせた生活の大切さや住まい方について理解すること。
　（イ）住まいの整理・整頓や清掃の仕方を理解し，適切にできること。
イ　季節の変化に合わせた住まい方，整理・整頓や清掃の仕方を考え，快適な住まい方を工夫すること。

C 消費生活・環境

　次の（1）及び（2）の項目について，課題をもって，持続可能な社会の構築に向けて身近な消費生活と環境を考え，工夫する活動を通して，次の事項を身に付けることができるよう指導する。
（1）物や金銭の使い方と買物
ア　次のような知識及び技能を身に付けること。
　（ア）買物の仕組みや消費者の役割が分かり，物や金銭の大切さと計画的な使い方について理解すること。
　（イ）身近な物の選び方，買い方を理解し，購入するために必要な情報の収集・整理が適切にできること。
イ　購入に必要な情報を活用し，身近な物の選び方，買い方を考え，工夫すること。
（2）環境に配慮した生活
ア　自分の生活と身近な環境との関わりや環境に配慮した物の使い方などについて理解すること。
イ　環境に配慮した生活について物の使い方などを考え，工夫すること。

2 内容の取扱い

(1)　内容の「A家族・家庭生活」については，次のとおり取り扱うこと。
ア　(1)のアについては，AからCまでの各内容の学習と関連を図り，日常生活における様々な問題について，家族や地域の人々との協力，健康・快適・安全，持続可能な社会の構築等を視点として考え，解決に向けて工夫することが大切であることに気付かせるようにすること。
イ　(2)のイについては，内容の「B衣食住の生活」と関連を図り，衣食住に関わる仕事を具体的に

実践できるよう配慮すること。
ウ (3)については，幼児又は低学年の児童や高齢者など異なる世代の人々との関わりについても扱うこと。また，イについては，他教科等における学習との関連を図るよう配慮すること。
(2) 内容の「B衣食住の生活」については，次のとおり取り扱うこと。
ア 日本の伝統的な生活についても扱い，生活文化に気付くことができるよう配慮すること。
イ (2)のアの(エ)については，ゆでる材料として青菜やじゃがいもなどを扱うこと。(オ)については，和食の基本となるだしの役割についても触れること。
ウ (3)のアの(ア)については，五大栄養素と食品の体内での主な働きを中心に扱うこと。(ウ)については献立を構成する要素として主食，主菜，副菜について扱うこと。
エ 食に関する指導については，家庭科の特質に応じて，食育の充実に資するよう配慮すること。また，第4学年までの食に関する学習との関連を図ること。
オ (5)については，日常生活で使用する物を入れる袋などの製作を扱うこと。
カ (6)のアの(ア)については，主として暑さ・寒さ，通風・換気，採光，及び音を取り上げること。暑さ・寒さについては，(4)のアの(ア)の日常の快適な着方と関連を図ること。
(3) 内容の「C消費生活・環境」については，次のとおり取り扱うこと。
ア (1)については，内容の「A家族・家庭生活」の(3)，「B衣食住の生活」の(2)，(5)及び(6)で扱う用具や実習材料などの身近な物を取り上げること。
イ (1)のアの(ア)については，売買契約の基礎について触れること。
ウ (2)については，内容の「B衣食住の生活」との関連を図り，実践的に学習できるようにすること。

第3 指導計画の作成と内容の取扱い

1 指導計画の作成に当たっては，次の事項に配慮するものとする。

(1) 題材など内容や時間のまとまりを見通して，その中で育む資質・能力の育成に向けて，児童の主体的・対話的で深い学びの実現を図るようにすること。その際，生活の営みに係る見方・考え方を働かせ，知識を生活体験等と関連付けてより深く理解するとともに，日常生活の中から問題を見いだして様々な解決方法を考え，他者と意見交流し，実践を評価・改善して，新たな課題を見いだす過程を重視した学習の充実を図ること。
(2) 第2の内容の「A家族・家庭生活」から「C消費生活・環境」までの各項目に配当する授業時数及び各項目の履修学年については，児童や学校，地域の実態等に応じて各学校において適切に定めること。その際「A家族・家庭生活」の(1)のアについては，第4学年までの学習を踏まえ，2学年間の学習の見通しをもたせるために，第5学年の最初に履修させるとともに，「A家族・家庭生活」「B衣食住の生活」「C消費生活・環境」の学習と関連させるようにすること。
(3) 第2の内容の「A家族・家庭生活」の(4)については，実践的な活動を家庭や地域などで行うことができるよう配慮し，2学年間で一つ又は二つの課題を設定して履修させること。その際，「A家族・家庭生活」の(2)又は(3)，「B衣食住の生活」，「C消費生活・環境」で学習した内容との関連を図り，課題を設定できるようにすること。
(4) 第2の内容の「B衣食住の生活」の(2)及び(5)については，学習の効果を高めるため，2学年間にわたって取り扱い，平易なものから段階的に学習できるよう計画すること。
(5) 題材の構成に当たっては，児童や学校，地域の実態を的確に捉えるとともに，内容相互の関連を図り，指導の効果を高めるようにすること。その際，他教科等との関連を明確にするとともに，中学校の学習を見据え，系統的に指導ができるようにすること。

(6) 障害のある児童などについては，学習活動を行う場合に生じる困難さに応じた指導内容や指導方法の工夫を計画的，組織的に行うこと。
(7) 第1章総則の第1の2の(2)に示す道徳教育の目標に基づき，道徳科などとの関連を考慮しながら，第3章特別の教科道徳の第2に示す内容について，家庭科の特質に応じて適切な指導をすること。

2 第2の内容の取扱いについては，次の事項に配慮するものとする。

(1) 指導に当たっては，衣食住など生活の中の様々な言葉を実感を伴って理解する学習活動や，自分の生活における課題を解決するために言葉や図表などを用いて生活をよりよくする方法を考えたり，説明したりするなどの学習活動の充実を図ること。
(2) 指導に当たっては，コンピュータや情報通信ネットワークを積極的に活用して，実習等における情報の収集・整理や，実践結果の発表などを行うことができるように工夫すること。
(3) 生活の自立の基礎を培う基礎的・基本的な知識及び技能を習得するために，調理や製作等の手順の根拠について考えたり，実践する喜びを味わったりするなどの実践的・体験的な活動を充実すること。
(4) 学習内容の定着を図り，一人一人の個性を生かし伸ばすよう，児童の特性や生活体験などを把握し，技能の習得状況に応じた少人数指導や教材・教具の工夫など個に応じた指導の充実に努めること。
(5) 家庭や地域との連携を図り，児童が身に付けた知識及び技能などを日常生活に活用できるよう配慮すること。

3 実習の指導に当たっては，次の事項に配慮するものとする。

(1) 施設・設備の安全管理に配慮し，学習環境を整備するとともに，熱源や用具，機械などの取扱いに注意して事故防止の指導を徹底すること。
(2) 服装を整え，衛生に留意して用具の手入れや保管を適切に行うこと。
(3) 調理に用いる食品については，生の魚や肉は扱わないなど，安全・衛生に留意すること。また，食物アレルギーについても配慮すること。

小・中・高等学校の内容の系統性が図られています。少子高齢化や食育の推進，日本の伝統的な生活，持続可能な社会の構築など，社会の変化に対応する視点ももりこまれています。

指導計画を立てましょう

　指導計画には，年間の指導計画，学期や題材ごとの指導計画，単位時間の指導計画（本時案）などがあります。指導計画を立てるときは，

・学習指導要領の趣旨や内容を理解する
・学習指導要領に示された目標などをもとに2年間を通して計画する
・地域や学校・児童の実態に応じて，配当時間等を適切に決める

ことを心がけましょう。

1. 年間指導計画を作成するときの基本的な考え方

(1) 教科の目標，内容や教科の特徴をよく理解しましょう
　　学習指導要領と解説書，その他指導用資料などをもとに検討し，教育課程編成をする際の資料とします。

(2) 学校教育目標との関連を考えましょう
　　学校教育目標の達成に向けて，学校の全体計画と教科との関連を明らかにして，家庭科を通して学校教育目標の具体化を図ることを目指します。

(3) 児童の実態を把握して生かす
　　児童の家庭生活は，家族構成をはじめ家庭環境や生活経験などさまざまな違いがあります。児童が自ら学び，自ら考える力などの「生きる力」の育成を図るためには，家庭生活への意識や生活のしかた・学習や生活経験の有無などを的確に把握しておきましょう。

(4) 家庭や地域・学校の実態との関連を図りましょう
　　児童の家庭生活や日常生活は，地域の社会環境や自然環境の影響を大きく受けています。したがって，家庭生活の実態や地域の特色などを考慮して指導計画を作成することは，学習が児童の身近な内容になり，学習意欲も高まると思われます。

(5) 学校の教育活動や他教科等との関連を図りましょう
　　学校には，家庭科の学習につながる教育活動や学校行事があります。また，他教科で身につけた知識や技能を家庭科で生かしたり，家庭科で身につけた知識や技能を他教科等で生かしたりすることは，学習を生活に結びつけることからも大切です。そのため，学校行事や他教科等の状況を把握して，家庭科の学習内容や学習の時期・教科等と関連を図りながら，指導計画を作成しましょう。

(6) 5，6年の2学年を見通した指導計画にしましょう
　　家庭科の目標，内容は2学年まとめて示されています。2学年を見通し，既習事項を生かしながら学習できるような題材を配列しましょう。

2. 指導計画を作成しましょう

（1）題材の構成

　　学習指導要領の内容は，第5学年・第6学年がまとめて示されています。また，A～Cという要素的な内容に整理統合されています。複数項目を組み合わせたり切り離したり，あるいは単独で扱ったりして，教科目標や児童の実態などから関連づけて一つのまとまりを構成し題材とします。その題材を通して育てたい資質や能力を明らかにして，各学年の指導の重点を設定し2学年を見通した題材を構成し配列します。

（2）題材構成上の留意事項

①教科目標の達成に向けて家庭科の担う役割を考え，2学年を見通し，題材を通して育てる資質や能力を明確にしておきます。
②地域や学校，児童の実態を考え，指導の重点化を図ります。
③基礎的な知識や技能の定着が図れるよう効果的，段階的な教材を工夫し題材を構成します。
④児童の興味・関心や意欲・思いや願い，学習環境や指導体制などを考慮して，個に応じた学習が展開できるように選択の幅のある教材を工夫し，題材を構成します。
⑤実践的，体験的な活動や主体的な学習を行い，問題解決能力の育成が図れるような教材を工夫し，題材を構成します。
⑥「製作実習」「調理実習」については各学年で扱い，平易なものから段階的に複雑な題材を構成し，学習の効果を高める工夫をします。

（3）題材の配列

　　年間標準授業時数は第5学年で60時間，第6学年で55時間です。週時数で固定できないことを考慮して，2学年を見通して構成した題材を，適切な時期や指導時間等から各題材の指導順序を決め，年間に適切に配列します。
　　授業時数の1単位時間は，学習活動の内容に応じて弾力的な時間割の編成が可能です。学校や児童の実態に応じて効果的な指導ができるよう創意工夫しなければなりません。

3. 指導細案の作成について

　　指導細案は，1時間から2時間ごとの授業展開の計画案（本時案）です。決められた方式があるわけではありませんが，下記のような内容を記述するのが一般的です。細案を通して児童の学習する姿が見えるように工夫する必要があります。

ア	小題材名	イ	本時の題目
ウ	学習指導時間	エ	教科書ページ数
オ	本時の指導目標	カ	本時の指導内容
キ	児童の学習活動	ク	教師の指導
ケ	指導上の留意事項	コ	本時の評価
サ	準備や資料	シ	備考
ス	一部の指導に対する指導		

小題材名（ア）指導細案

本時の題目	イ	指導時間	ウ	教科書	エ
目標	オ				
学習活動		教師の指導・評価			準備・資料
カ キ		ク ケ コ シ ス			サ シ

2年間を見通した年間指導計画の例

5年					
3学期制の場合	題材の時数	学習内容		時数	平成29年学習指導要領の事項
1学期	1	家庭科の学習―2年間を見通して―（ガイダンス）		(1)	A(1)
	1	①家族の生活再発見	1. 家族の生活を見つめてみよう 2. 生活を支える家庭の仕事	(0.5) (0.5)	A(2)
	7	②クッキングはじめの一歩	1. なぜ調理をするのだろう 2. ゆでて食べよう 3. 工夫しておいしい料理にしよう	(1) (4) (2)	B(2) C(2)
	8	③ソーイングはじめの一歩	1. なぜぬうのだろう 2. どのような用具や方法でぬうのだろう 3. 手ぬいを生活に生かそう	(0.5) (4) (3.5)	B(4)(5) C(2)
	4	④整理・整とんで快適に	1. なぜ整理・整とんをするのだろう 2. どのような整理・整とんができるのだろう 3. 物の使い方を工夫しよう	(1) (2) (1)	B(6) C(2)
	2	⑤できるよ，家庭の仕事	1. 自分にできる仕事を見つけよう 2. 工夫して仕事をしよう 3. 実行し，続けよう	(1) (0.5) (0.5)	A(2) C(2)
	1	生活の課題と実践	計画(1学期の終わりに)(実践は家庭で)	(1)	A(4)
		チャレンジコーナー（家庭実践）			
2学期	1	生活の課題と実践	ふり返り(2学期のはじめに)	(1)	A(4)
	10	⑥ミシンでソーイング	1. なぜミシンでぬうのだろう 2. ミシンの使い方を知ろう 3. ミシンを使って作ってみよう	(1) (4) (5)	B(5)
	10	⑦食べて元気に	1. なぜ毎日食事をするのだろう 2. ご飯とみそしるは食事の基本 3. 日常の食事に生かそう	(1) (7) (2)	B(1)(2)(3)
		チャレンジコーナー（家庭実践）			
3学期	5	⑧生活を支えるお金と物	1. 何にお金を使っているのだろう 2. 何を大切にして買い物をすればよいだろう 3. 買い物の仕方を工夫しよう	(1) (2) (2)	C(1)
	3	⑨暖かく快適に過ごす着方	1. どのような着方が暖かいだろう 2. 衣服のはたらきを知ろう 3. 衣服の着方を工夫しよう	(1) (1) (1)	B(4) C(2)
	4	⑩暖かく快適に過ごす住まい方	1. 寒い日はどのように過ごしているのだろう 2. 暖かく快適な住まい方 3. 快適さアップを工夫しよう	(1) (2) (1)	B(6) C(2)
	3	⑪いっしょに ほっとタイム	1. ほっとするのはどのようなときだろう 2. 周囲の人との関わりを考えよう 3. 団らんでつながりを深めよう	(1) (1) (1)	A(1)(3)
		チャレンジコーナー（家庭実践）			

6年					
3学期制の場合	題材の時数	学習内容		時数	平成29年学習指導要領の事項
1学期	2	1 生活時間をマネジメント	1. どのように時間を使っているだろう 2. 時間の使い方に課題はないだろうか 3. 生活時間を工夫しよう	(0.5) (0.5) (1)	A(2)
	7	2 できることを増やしてクッキング	1.「ゆでる」と「いためる」はどうちがうだろう 2. いためておかずを作ろう 3. 朝食に生かそう	(1) (4) (2)	B(1)(2)
	5	3 クリーン大作戦	1. なぜそうじをするのだろう 2. 知っているかな そうじの仕方 3. 身の回りを快適にしよう	(1) (2) (2)	B(6) C(2)
	3	4 すずしく快適に過ごす住まい方	1. 暑い日はどのように過ごしているのだろう 2. すずしく快適な住まい方を知ろう 3. エコ生活ですずしさアップを工夫しよう	(0.5) (1.5) (1)	B(6) C(2)
	5	5 すずしく快適に過ごす着方と手入れ	1. どのような着方がすずしいだろう 2. 暑い季節を快適にしよう 3. 快適な衣生活を工夫しよう	(0.5) (3.5) (1)	B(4) C(2)
		チャレンジコーナー（家庭実践）			
2学期	10	6 生活を豊かにソーイング	1. どのようなふくろをどのように使っているだろう 2. 目的に合ったふくろを作ろう 3. 作ったふくろで生活を豊かに	(1) (8) (1)	B(4)(5)
	11	7 こんだてを工夫して	1. どのような料理や食品を組み合わせて食べるとよいだろう 2. 1食分のこんだてを立てよう 3. 工夫して毎日の食生活に生かそう	(1) (5) (5)	B(1)(2)(3)
	1	生活の課題と実践	計画(2学期の終わりに)	(1)	A(4)
		チャレンジコーナー（家庭実践）			
3学期	1	生活の課題と実践	ふり返り(3学期のはじめに)	(1)	A(4)
	8	8 共に生きる地域での生活	1. 地域の人びととの関わりを見つめよう 2. 地域でできることは何だろう 3. やってみよう・ふり返ろう	(2) (5) (1)	A(3)
	1	9 持続可能な社会を生きる	1. 生活と環境のつながりを考えよう 2. 物やエネルギーをどう使うか 3. 環境のことを考えた生活を続けよう	(1)	C(1)(2)
	1	2年間の学習をふり返って，中学校の学習に生かそう		(1)	

*「生活の課題と実践」は，夏季休暇(5年)と冬季休暇(6年)を活用する場合の例。限定はしない。

子どもの思考の流れを考えた指導案の例

題材名：ごはんとみそしるを作ってみよう				
本時	2	本時の題目	おいしいごはんとみそしるの調理実習をしよう	
累計	7/10	目標	実習計画にそって能率的に調理できるようにする。 衛生，安全に気をつけ，協力して取り組むことができるようにする。	
教科書頁	p.○○〜○○	評価	○実習計画にそって，能率的にごはんとみそしるを作ることができる。 　知識・技能（以下，[知]と示す） ○衛生，安全に気をつけ，協力して調理に取り組むことができる。 　学びに向かう力・人間性（以下，[学]と示す） ○実習生活をふり返って，工夫したことなどをまとめることができる。 　思考力・判断力・表現力（以下，[思]と示す）	

学習活動（☆）	指導上の留意点（●）　評価（知・思・学）	準備・資料
☆準備・身じたくをする。 ・手洗い・身じたく・材料・用具の準備 ・手順（や分担）の確認 ☆調理を能率よく行う。 みそしる　　　　　　ごはん ・水をはかる　　　　・米をはかる ・だしの煮干しを　　・米を洗う 　水に入れる　　　　・水をはかる ・材料をはかる　　　・米を吸水させる ・材料を切る　　　　・ごはんをたく ・だしをとる　　　　・蒸らす ・材料を入れる ・みそを入れる ☆ほうちょうの使い方やガスこんろの使い方の安全に気をつける。 ☆調理台の上や用具をかたづけながら作業する。 ☆食卓を整える。 ☆マナーに気をつけ，楽しく試食をする。 ☆協力してあとかたづけをする。 ・食器や用具を洗って，ふきんで水気をよくとり，元の場所に戻す。 ・ごみの処理をする。 ☆実習をふり返ってみよう。 ・計画通りに進められたか，でき具合，分量はどうだったか。 ★工夫したことやめあてについての感想・反省をまとめる。 （吹き出し）同時にごはんとみそしるを作るのは，いそがしかったけどできあがったときはとてもうれしかった！	●ごはんは1度たいているので，ここでは電気炊飯器でたくことも考えられる。 評価　調理を能率よく行っている。[知][学] （吹き出し）前の時間に作った実習計画にそって，調理していこう。 評価　安全に気をつけ，取り組んでいる。[学] 評価　食べやすさや食器の位置などを考えて配膳ができる。[知] 評価　衛生に気をつけながら，協力してかたづけをしている。[学] ●それぞれのよさを相互評価するよう助言する。 評価　みそしるの調理ができる。[思] 評価　友だちや自分のよさを見つけ，発表できる。[思][学]	準備　実習計画表 　　　用具，材料， 　　　ふきん，食器 準備　実習計画表

はじめての家庭科の授業

はじめての家庭科の授業から2年間を見通して

1. 指導計画作成のポイント

　平成29年版学習指導要領の改訂では小学校と中学校の内容（→p.106）の系統性を明確にし，内容の接続が見えるように内容が示されました。小学校では基礎的・基本的な知識及び技能を定着させ，思考力・判断力・表現力及び学習意欲を調和的にはぐくむことが必要です。指導計画の作成にあたってのポイントは次のように考えられます。

①家庭科で育てたい子ども像，資質・能力を明確にする。

②基礎・基本とは何かを整理する。

③ガイダンスを設定する。

④ストーリー性を考え，題材をつなげ，積み上げていく内容にする。

⑤学校行事や地域とのかかわりを反映させる。

⑥自分の成長を喜び，次の意欲につなげることができるようにする。

2. ガイダンスの設定

　内容A（1）「自分の成長と家族・家庭生活」では，4年生までの学習を踏まえ，家庭生活をふり返るなどの学習を通して，2学年間の学習の見通しをもたせるガイダンスとして，家庭科の学習への意欲をもたせることに配慮して5年生の最初に題材を設定します。また，この内容は，「家族・家庭生活」「衣食住の生活」「消費生活・環境」の内容項目と関連させて題材を組むことにより，「自分の成長」を学習全体で貫く視点とする側面があります。2学年間を見通して，学期や学年の区切りなどの適切な時期に他の項目と関連させて題材を構成し，効果的な指導となるよう工夫します。

　ガイダンスの設定にあたってストーリー性をどのようなものにするか考えることが大切です。

3. 2年間を見通した家庭科の授業　「わたしと家庭生活」の指導計画

2年間を見通して学習を
イメージしてみよう

■題材について

　5年生最初の授業で，小学校入学頃からの自分の生活がどのように営まれ，家族に支えられてきたかをふり返るとともに，4年生までの他教科の学習との関連を考えることを通して，自分のできるようになりたいことや2年後の自分をイメージし，自分の目標や課題をもてるようにします。

　さらに2年間の学習の中で，「A　家族・家庭生活」「B　衣食住の生活」「C　消費生活・環境」の内容と関連させて学習全体を通して構成します。学期や学年の終わりなどの学習の区切りの時期にワークシート・ノート・実践記録等から学習の成果をふり返ることを通して，自分の成長への気付きを段階的に深め，さらによりよくしようとする実践意欲を高めるようにします。

　6年生の終わりの学習においては，中学校で学ぶ内容と結びつけ，中学校へ向けての学習意欲を高め，継続が図れるように配慮します。

■題材の目標

・自分の成長と家族とのかかわりについて関心をもち，家族を大切にしようとしたり，家庭生活をよりよくするために家族に協力しようとしたりする。（学びに向かう力）
・自分の成長を自覚し，家族とのかかわりの大切さを理解している。（知識・技能）

■指導計画（6時間）

①5年	4月	「始めよう家庭科」	1時間
②5年	4月	「家庭生活を見つめよう」	1時間
③5年	7月	「自分の生活に生かそう」	30分
④5年	12月		10分
⑤5年	3月		1時間
⑥6年	7月	（学期の最後に学習の成果をふり返る）	10分
⑦6年	12月		10分
⑧6年	3月	「これからの家庭生活を考えよう」	2時間

家庭科室の環境整備～ある家庭科室の例から

はじめての家庭科室。授業がはじまる前に，どこにどのようなものがどのようにしまわれているかを確認することが大事です。ある家庭科室を例にポイントを見ていきましょう。
安全面・衛生面で留意されていること，留意しなければいけないことをしっかり把握しておきましょう。

● 調理台

両サイドの天板を開けると，流し台とこんろ台が出てきて，調理台になります。

コンセントは反対側の面にもついていて，ここからミシン等の電源をとります。コードの取り扱いに注意します。

● 殺菌庫

ほうちょう・まな板の殺菌庫です。
幅50cm，高さ90cm，奥行き50cmです。ほうちょう20本，まな板20枚を収納できます。乾かしてから入れ，タイマーをセットし，殺菌します。

● 食器戸棚

調理用具や食器を8グループごとに分けて収納しています。
ふだんは，引き戸をつけて鍵をかけています。
調理実習時には，戸袋に指をはさむ恐れがあるので，引き戸を全部はずして使っています。

何を置くところか，用具の名称を見えるところに貼っておくと，迷わずにすみます。

● 食器戸棚に収納してあるもの
○文化なべ　○両手なべ　○片手なべ
○フライパン2個　○やかん(小)

○浅皿(直径20cm)　○深皿(直径20cm)
○大皿(直径30cm)　○角皿(20cm)
○茶碗　○お椀　○スープ皿　各5枚

○ボウル(大・中・小)　○ざる(大・中・小)
○お玉　○穴あきお玉　○フライ返し
○マッシャー　○菜ばし(4膳)　○しゃもじ
○計量スプーン　○計量カップ(200mL・1L)
○1kg秤　○タイマー　○はし5膳
○スプーン(大・小各5本)
○フォーク(大・小各5本)　○バターナイフ

● 長机

長机が8台あります。グループごとに，調理したものを個々に食べたり，製作の布を広げて裁断したりします。家庭科室後方の戸棚には，各クラスごとに裁縫箱を保管して，休み時間や放課後に，すぐに製作できるようにしています。使わないときは，必ず物を置かないようにします。

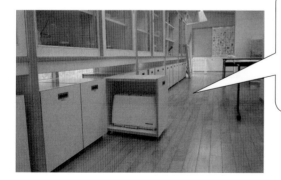

● キャスター付きの箱

食器戸棚の下の，キャスター付きの箱には，1台ずつミシンが入っていて，自分の作業台に箱ごと運んで使えるようになっています。ロックミシンも1台あり，キルティング布の端かがりに活用しています。
その他，姿見の鏡もあり，エプロンなど型紙の大きさを決めるときに活用しています。

● 物干し台

家庭科室のすぐ隣りに，洗濯物を干せる物干し台があります。いちどに，2クラス分ほど干せます。
天気がよければ，帰りまでに十分乾きます。
物干し竿は，伸縮自在のスチール製です。

調理実習で身につけること

新学習指導要領より
B　衣食住の生活

(2)調理の基礎
ア　次のような知識及び技能を身に付けること。
　(ア)　調理に必要な材料の分量や手順が分かり，調理計画について理解すること。
　(イ)　調理に必要な用具や食器の安全で衛生的な取扱い及び加熱用調理器具の安全な取扱いについて理解し，適切に使用できること。
　(ウ)　材料に応じた洗い方，調理に適した切り方，味の付け方，盛り付け，配膳及び後片付けを理解し，適切にできること。
　(エ)　材料に適したゆで方，いため方を理解し，適切にできること。
　(オ)　伝統的な日常食である米飯及びみそ汁の調理の仕方を理解し，適切にできること。
イ　おいしく食べるために調理計画を考え，調理の仕方を工夫すること。

　5年生になった子どもたちが，家庭科の授業で一番楽しみにしているのが「食」にかかわる学習です。しかし，子どもたちが抱いている「食」の学習イメージは「作って食べること」が主なものであり，材料の準備や調理器具の手入れのしかた，身支度やあとかたづけといったことまで意識している子どもはあまり見られません。その上，ほうちょうに触ったことも，ガスこんろを使ったこともない子どももいるのが現状です。
　このような5年生が初めて出会う体験活動は，以下のようにします。
・基礎的な技能を生かして簡単に作ることができ，自分の生活とつなげられるもの
・手に入りやすい材料を選び，一人ずつ短時間でできること
・繰り返し調理実習に臨むことで，段階的に調理の技能が高められるもの
・自分で調理して食べることの楽しみや喜びを味わい，次の活動の意欲へとつなげられるもの
・食材は子ども自身が好みに応じて選択できるようにしてもよい
・食物アレルギーの児童については，事前に家庭(及び校長，担任，養護教諭，栄養教諭)と連絡を取り合って，丁寧に対応していく

①はじめての調理
「ゆでる」活動を通して，子どもが自分でできることを増やしていきます。

①家庭科室の使い方とこんろの使い方　②1種類の野菜をゆでる。　③これまでの体験を生かして，3種類の野菜をゆでて，オリジナル料理を作る。

お茶のいれ方　→　青菜のおひたし　→　温野菜サラダ　野菜スープ

②米飯及びみそしるの調理

伝統食である米飯やみそしるを作ることができる。
①学習への意欲を高め，課題をもたせましょう。―観察には，中のようすがわかるなべを使ってもよい
②自分の課題を解決していく力を高めましょう。―ごはんをたく（文化鍋を使って）
③みそしるの作り方をしっかりおさえましょう。―みそしる（決められた実を使って）
④これまでの学習を生かして，工夫して調理できるようにしましょう。―みそしる（好みの実を選択）

　5年生で培ってきた調理の基礎を生かし，さらに調理の技能を高めるだけでなく，日常の食事を見つめ直したり，食生活をふり返ったりしながら，家族の好みや栄養バランスを考えた1食分の調理ができるようにしていきます。
・単に体験を繰り返すだけでなく，体験の質を高めるために，子ども一人ひとりが自分の課題をはっきりともって調理実習に臨めるようにします。
・子ども自身が調理実習をふり返ったり，自分の課題を整理したりする時間を大切にするとともに，教師は一人ひとりの課題を把握しておきます。
・その際，学習カードの形式を工夫したり，座席表を活用したりするとよいでしょう。

③朝食のおかずを作ろう

　主に「いためる」調理を通して，栄養バランスを考えたおかずを作ります。
・実生活で生かせるようにするためにも，時間がなく，忙しい朝でも簡単に作れるものを選びましょう。
・いつでも手に入りやすい食材を用いて調理することが多くなりますが，ここでは加工品の取扱い方についてきちんと指導することも大切です。

〈例〉

キャベツの野菜炒め
(材料)キャベツ たまねぎ ソーセージ 塩 こしょう サラダ油

スクランブルエッグ
(材料)卵 牛乳 油(またはバター) 塩 こしょう

野菜のベーコン巻き
(材料)にんじん アスパラガス ベーコン 油

④家族のために1食分の食事を作ろう

　栄養や家族の好みを考えて，食品の組み合わせを工夫して作ります。5年生で学習したことを生かして，ごはんとみそしるに合ったおかずを考えるとよいでしょう。

調理実習の進め方

実習の流れ

話し合う，調べる
作りたい料理について話し合いをさせ，材料や味つけなど作り方を調べさせましょう。

考える，計画を立てる
作りたい料理の材料，分量，手順，必要な調理用具，器具などをまとめて，計画を立てさせましょう。

計画を発表する
クラスで発表させ合いながら，手順や用具・器具の使い方を確認させましょう。

計画にしたがって調理実習
実習計画に従って，調理実習を進めましょう。
①身じたく，手洗い等をする
②材料，用具をそろえる
③はかる
④野菜を洗う
⑤切る，ゆでる，いためる
⑥味つけをする
⑦もりつける
⑧配膳をして，試食する
⑨あとかたづけをする

ふり返る
調理実習をふり返って，うまくいったことや楽しかったことや反省点など話し合いをさせましょう。

家族のために実習計画を立てる
反省をもとに，家族のために作る料理の実践計画を立てさせましょう。
どんな願いをこめたかわかるように計画のネーミングも工夫させましょう。

●掲示物
　参考資料，掛図などを用意し，掲示コーナーに貼っておきます。児童が作成した調べ学習カードなどを掲示するのもいいですね。

●材料選び
　次のような観点で実習の材料を選びましょう。
　　・実習題材に適切な食品
　　・地域の特産・季節・扱いやすい食品
　　・鮮度のよい食品
　　・品質表示

●安全指導について確認する
　　・O157について
　　　　生のものは一切使わない(特に魚・肉)
　　　　ゆでたり，いためたりして加熱する(野菜，いも)
　　　　サラダも，生ものではなく温サラダにする
　　　　半熟のゆでたまごにはしない
　　　　食器・ふきん等の消毒をする
　　　　調味料はしっかり保管されているか確認する
　　・熱湯の捨て方に気をつける
　　・調理用具(ほうちょうなど)の安全な取り扱い

　　　　　　→安全指導についてはp.41からの
　　　　　　　「家庭科指導Q&A」でも詳しく扱います。

児童に伝え忘れていることはないか，前の授業のときに確認しておかなきゃ

はじめての調理実習の例 ― 野菜をゆでてみよう

授業の構成と展開

本題材では，簡単な調理ではあっても，自分の好きな野菜を工夫して調理し，友だちや家族に試食してもらうことで，調理する喜びを味わわせ，さらには，食品の扱い方や調理のしかた，安全や衛生を考えた調理のしかたも身につけさせます。特にはじめて使用するほうちょうの扱い方を丁寧に指導しましょう。

●題材例： 野菜をゆでてみよう

題材の目標

野菜をゆでる簡単な一人調理を通して，調理に対する関心をもたせるとともに，食品や用具の衛生・安全に気をつけた調理ができるようにする。

題材の指導計画(指導時間　全4時間)

1. 食品や用具の衛生，食品や用具・器具の扱い方①② 　　　　　　　　　（1時間）
2. ゆでものに使う野菜のゆで方を調べよう 　　　　　　　　　　　　　　（1時間）
3. 野菜のゆでもの作りの食品や用具・器具の使い方のシミュレーション （1時間）
4. 野菜のゆでものの調理実習（試食と反省は給食の時間を利用） 　　　　（1時間）

入門期の調理実習は，できるだけ作業をシンプルにすることが大切です。狙いを精選し，評価の観点を絞り，この実習では，名簿にシンプルに3観点の評価項目を書いておき，顕著な児童のみチェックしておく方法をとります。

それとあわせて，評価の参考資料として，学習カードに児童による自己評価・相互評価の欄を作成し，それを参考にしながら評価をします。

観点別学習状況の評価規準（例）
- 協力して，楽しく調理しようとしている。（学びに向かう力）
- 材料の取り合わせや切り方を工夫している。（思考力・判断力・表現力）
- ほうちょうを正しく使い，野菜を切ることができる。（知識・技能）
- 調理用具・器具の衛生的で安全な取り扱い方を理解している。
　（知識・技能）

展開例

学習活動	指導のポイント・留意事項	評価の(観点)・〈方法〉	指導の方法
\multicolumn{4}{c}{1-①．野菜をゆでてみよう。}			
・知っていることや調べたことを話し合う。	・あらかじめ「おいしい野菜サラダを作って友だちと試食し合う」ことを告げておき，家族へのインタビューや本などで調べてこさせることとし，意欲的な活動を図る。	・安全面・健康面で気をつけることが書けているか。(知識・技能)〈発言〉	
・教科書や掛図を参考に，全員で確かめる。	シェフのこだわりとして押さえる ・材料が新鮮であること ・衛生的(安全)であること ・見た目がきれいであること(ほうちょう使い，ゆで方，もりつけ)		
・安全面，衛生面で気をつけることを「学習カード」に書く。	・味がよいこと(ドレッシングの工夫) ・体によいこと(栄養についても少し……)	〈学習カード〉	・友だちのカードや提示資料をいっしょに見て，なぜ大切なのか理由を確かめさせる。
\multicolumn{4}{c}{1-②　ほうちょうの正しい扱い方を知り，いろいろな切り方ができるように練習してみよう―}			
・ほうちょうの安全な扱い方を知る。	・掛図を使って説明した後，実演してみせる。		
・野菜のいろいろな切り方について知る。	・基本的な切り方を説明する。		
・正しい持ち方をしているか友だちと確かめ合う。	・実際のほうちょうを持つ前に，ものさしを使って練習し，チェックし合う。	・正しくほうちょうが使えるか。(知識・技能)〈学習カード〉〈観察〉	・ものさしで練習した後，個別にチェックし指導する。

ほうちょうの安全な扱い方に慣れさせるための学習の流れ
　　1　ほうちょうの安全な取り扱い方を学習……説明の後，グループに分かれ練習
　　　　・調理台までの運び方　・友だちへのわたし方　・洗い方　・保管のしかた
　　2　ほうちょうの正しい使い方を学習(代替物を使ってシミュレーション)
　　　　・持ち方　・切り方　・ねこの手……グループで相互評価
　　3　ほうちょうの正しい使い方の練習(ほうちょうを使いシミュレーション)
　　　　・持ち方　・切り方　・ねこの手……グループで相互評価
　　4　野菜サラダ作り
　　　　・ほうちょうの持ち方　・材料にあった切り方　・ねこの手

学習活動	指導のポイント・留意事項	評価の(観点)・〈方法〉	指導の方法
2．資料を集め，「わたしの野菜サラダ」のレシピを作って友だちと紹介し合おう。			
・家の人に聞いたり本を調べたりして自分のサラダを決定し，学習カードに記入する。 ・材料　・分量 ・味（ドレッシング） ・作り方の手順 ・切り方 ・もりつけ ・サラダの名前 ・自分のサラダに使う野菜の切り方を工夫する。 ・ドレッシングの作り方を知る。 ・発展学習として，オリジナルドレッシングを考える。 ・材料　・分量　・作り方の手順　・名前	・考える期間を設定し，教室にも参考になる資料を用意しておく。 ・早い段階で，できた児童数名に発表させ，それを参考にしながら仕上げるようにする。 ・同じ材料でも，切り方やドレッシングのちょっとした違いで自分だけのオリジナルサラダになることをおさえる。 ・自分で調べたり，工夫したりしてよいが，実習時間内に自分の力でできる切り方にすることを条件とする。 ・フレンチドレッシングの作り方を，教科書を参考に説明する。 ・発展学習とし，グループで協力してもよいこととする。(市販のものや，家庭で作ったもの，塩味，マヨネーズなども調理時間によって可とする) ・オリジナルドレッシングのラベル例	・友だちと協力しながら，楽しくレシピを作ろうとしているか。(学びに向かう力) 〈観察〉〈学習カード〉 ・切り方を工夫しようと楽しく活動ができているか。(思考力・判断力・表現力) 〈観察〉〈学習カード〉	・友だちのカードや資料をいっしょに見ながらどうしたいか考えさせる。

学習活動	指導のポイント・留意事項	評価の(観点)・〈方法〉	指導の方法
3．レシピ通りにできるか，リハーサル(シミュレーション)をして確かめよう。			
・身じたくのしかた	・先に家庭科室探検で，用具の場所や扱い方については学習済みだが項目ごとに指導しながら行う。		
・用具の出し方	・できるだけ同じ材料の子がグループになるようにグルーピングし項目ごとにひとりずつ，身ぶり手ぶりに言葉で解説しながらシミュレーションさせる。		
・野菜の洗い方			
・切り方			
・ゆで方	・おかしいところを直し合いながら進めるよう助言する。		
・フレンチドレッシングの作り方			
・もりつけ方	・ほうちょうの扱いについてとくに取り上げて行い，全体に注意を徹底する。	・ほうちょうの扱い方が正しく理解できているか。(知識・技能)〈観察〉	・できていない児童は，グループ練習で教えてもらう。
・あとかたづけのしかた			
4．とびっきりおいしい野菜サラダ作りに挑戦！			
・調理を行う。	・グループごとの計画を近くの壁に貼り，シミュレーションの通り協力しながら作れるように励ます。	・衛生に気をつけているか。 ・安全に気をつけているか。	・できていない児童をチェックし，その場で短時間指導する。
・試食し，感想を出し合う。	・お互いに少しずつ試食し合い，感想を言いながら楽しく食べるようにする。		
・あとかたづけをする。	・友だちと協力してきれいにする。	・かたづけをきちんとしているか。〈観察〉〈学習カード〉	
・学習カードにまとめる。	・相互評価ができるようにする。		

製作実習で身につけること

> 新学習指導要領より
> ## B　衣食住の生活
> **衣生活**
> (5)生活を豊かにするための布を用いた製作
> 　ア　次のような知識及び技能を身に付けること。
> 　　(ア)製作に必要な材料や手順が分かり，製作計画について理解すること。
> 　　(イ)手縫いやミシン縫いによる目的に応じた縫い方及び用具の安全な取扱いについて理解し，適切にできること。
> 　イ　生活を豊かにするために布を用いた物の製作計画を考え，製作を工夫すること。

　5年生になった子どもたちが，調理実習と同じくらい楽しみにしているのが針と糸を使った製作です。

　日常生活の中では，裁縫をしている場面を見たり，針と糸を持つ経験も減っていますが，子どもたちの「早く裁縫セットを使ってみたい」という気持ちは，製作そのものの興味へとつながっていきます。2年間を見通した学習が展開できるよう，指導計画を作成します。

- 5年生では子どもの興味・関心に寄り添いつつ，基礎的・基本的な技能を十分身につけていけるように題材構成を考えます。
- 簡単なものから複雑なものの製作へ，子どもが自分の技能に応じて選択できるような幅をもたせる工夫が必要です。
- 繰り返し実践することで子どもたちに確かな力が身につきます。
- ミシンを使った製作も，簡単なものから難しいものへと年間計画を立てていくことが大切です。
- 生活を豊かにするための布を用いた製作では，健康・快適・安全などの視点で子ども自身の生活をみつめ，課題を設定し，製作計画を立てるようにします。

　本当に作りたいものを見つけて，問題解決的に製作学習を展開する方法は子どもたちの生きる力を育てることにもつながります。

○何のために作るのかという目的意識を明確にもつ。
○共通の課題をもつ子どもたちを集めて，グループを作る。
○計画表やふり返りカードの形式を工夫し，記録を積み重ねる。
○製作手順や技能のふり返りをしたり，作ったものを生活の中で使ってみて，改善点をみつけるなど，次につなげる活動をもつ。

　また，使っていないハンカチやタオルを使って巾着袋を製作したり，ジーンズを使ってバッグ類を作るなどのリメイク・リサイクルを行うことも考えられます。持続可能な社会の構築という観点を取り入れて実践していくことも大切です。

実践事例

●**クラスの旗をつくろう！**
手縫いとはじめてのミシン縫いを取り入れて連続した題材構成を工夫した例

主な指導内容
・裁縫用具の安全な取扱い ・いろいろな縫い方
（かがり縫いのしかた）
・ミシンを使うときの約束 ・ミシンの安全な取扱い
・ミシン縫いのよさや特徴 ・直線縫い，返し縫い

①手縫いの学習で，クラスのマスコットを考えて縫う
②ミシンを使って，布のまわりを折って縫う
③皆の作品を縫いつないで，大きなクラス旗にする「クラス旗が完成したよ！」

●**持ち物に名札をつけよう**
学校生活の中から課題をみつけて題材構成を工夫した例

ネームプレートを作ろう

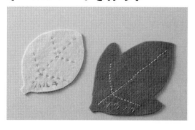

主な指導内容
・針の扱い方
・糸の長さ
・糸の通し方
・玉結びのしかた
・名前の縫いとり
・なみ縫いのしかた
・二つ穴ボタンのつけ方
・玉どめのしかた

継続性

●**レッツゴー！体験学習**
学校行事と関連させて題材構成を工夫した例

体験学習に持っていく，便利でじょうぶなナップザックを作ろう

主な指導内容
・ミシンの安全な取扱い
・上糸のかけ方
・下糸の出し方
・下糸の巻き方
・ミシン針のつけ方
・縫い目の大きさの調節
・アイロンの安全な取扱い

製作実習の進め方

実習の流れ

話し合う，調べる

　教科書等の例を参考にしながら，布で作る生活を豊かにする物を考え，作り方を調べさせましょう。

考える，計画を立てる

日常生活で使用する物を入れるための袋などを取りあげ，製作の計画を立てさせましょう。
まず，どんなときにどのように使うかを考えて，およその大きさや形を決めます。
→使う布を決めます。
→縫う順序を決めます。
→自分でできるか考えて，新聞紙などで試し作りをしてみます。
→計画をまとめます。

計画を発表する

クラスで発表させながら，使う布や縫う順序を確認させましょう。

計画にしたがって製作

計画にしたがって工夫して製作をさせましょう。
布を裁つ，しるしをつける，縫う…など。

ふり返る

子どもたちが作った作品を実際に使ってみた感想や反省などを交えて，作品発表会をしましょう。家族の人からもらったコメントについても発表させましょう。

これから作ってみたいものを考える

今回の作品作りを生かして，これから作ってみたいものを考えさせましょう。

● 「生活を豊かにする物」の製作の材料の準備のしかた

地域の実態，学校の実態，子どもたちの実態に合わせて準備させるようにしましょう。

①子ども一人ひとりが自分の生活に合わせて準備する。
②個人で用意できない子どもたちがいるなどの場合は学校で購入する。その場合でも，できるだけ数種類の中から選べるようにする。
③学校の事情等で，一括購入をする場合でも，数種類の中から選べるようにする。

● 布の選び方
・手縫いの場合
　　縫い針の通りやすい布
　　平織りの折り目がつきやすく，しるしのつきやすいもの
　　店の人に手縫いで縫いやすいものを聞いて選ぶ
・ミシン縫いの場合
　　キルティングの場合は薄手のものにする
　　デニムの場合は薄手のものにする

● 裁縫用具の準備
①裁縫箱
②針さし
③縫い針（長針，短針）
④まち針
⑤指ぬき（長針用指ぬき，短針用指ぬき）
⑥手縫い用糸（赤，黒，白）
⑦糸切りばさみ
⑧チャコえんぴつ
※その他のものは，学校でそろえておくようにしましょう。
（例　裁ちばさみ，ピンキングばさみ，ミシン糸，ミシン針，ボビンなど）

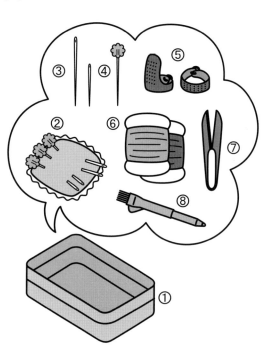

● 指導のための準備
○段階標本を用意しましょう。
　・他のクラスの先生や，地域の研究会と共有できるようにしておくと便利です。
○ビデオやDVDを見せることもあります。
　・新学期前に時間をつくり，事前に内容を確認できると，より効果的な使い方ができるでしょう。機器の準備も早めにしましょう。

はじめての製作実習の例 ― 針と糸を使ってみよう

授業の構成と展開

　本題材では，基礎的な知識や技能の定着を確かなものにし，一人ひとりが満足できる作品を製作させるようにします。

　はじめて針を持つ児童もいるため，針と糸を使う学習では実際に針と糸を使う前に網目シートと綴りひもを利用して縫う感覚を味わわせ，その後実際に針と糸を使って玉結び・玉どめ・縫い取り・ボタンつけ練習に入ります。また，手縫いの基礎の練習に終わることがないよう，簡単なワッペン作りを通して基礎の学習をします。

　針と糸を使う学習を通して，児童に育てたい資質や能力は，以下のことです。
- ●縫うなど製作に関する基礎的技能を身につけ，日常生活で活用すること
- ●自ら考え製作していく過程及び必要な作業がわかり，見通しをもって取り組むこと
- ●製作した物を活用することで生活が豊かになることに気づくとともに，作る楽しさや日常生活に活用する喜びを味わうこと

　これらを児童に育むために，製作の活動は2年間にわたって段階的に行うように位置づけられているので，基礎・基本が段階的に身につくような題材構成や教材の工夫をし，技能や知識の習得，活動の見通しをもたせるために，学習カードや作品は1年間を通してファイルに整理します。

　活動の記録を残すことで個々の学習状況を把握したり，基礎・基本の定着を見定めたりすることができます。

●使用する教材：ワークシート

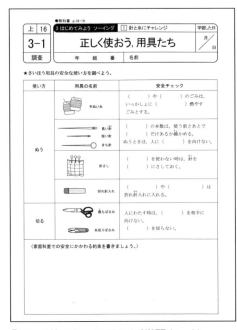

「正しく使おう，用具たち」学習カード

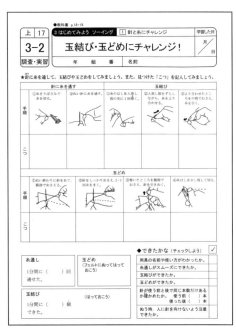

「玉結び・玉どめにチャレンジ！」学習カード

● 使用する教材：ワークシート

「ネームプレートをつくろう」学習カード

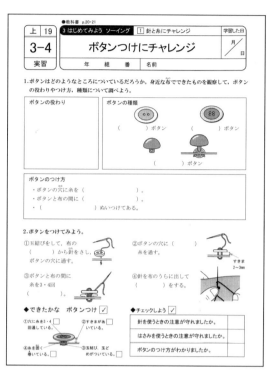

「ボタンつけにチャレンジ」学習カード
（ボタンつけは別の方法もある）

「いろいろなぬい方」学習カード

「小物をつくろう（製作計画カード）」

| 展開例 | みんなのワッペンでタペストリーを作ろう |

学習段階	学習活動	指導のポイント	評価の観点・方法
つかむ	1 本時の学習内容を知る。 自分のワッペンを学級のタペストリーにしよう。 ○葉っぱのワッペンを作るために必要なことを話し合う。 縫わなければならない。 玉結びと玉どめが必要だ。	・タペストリーの台布を見せ，製作の意欲を高めさせたい。 ・台布に貼る葉っぱのワッペンは一人ひとり作ることを確認する。	
やってみる	2 ワッペン作りをする。 ○縫う方法を知る。 ○網目シート，綴りひもで縫い方の練習をする。 同じ長さの縫い目で縫うときれいに見える。 名前の縫いとりの練習もしよう。 ○ワッペン作りをする。 ・ワッペン作りの計画を立てる。	・大型の針を使って示範してみせることで，縫う方法を気づかせたい。 ・縫う感覚を味わわせるようにしたい。	

学習段階	学習活動	指導のポイント	評価の観点・方法
	・フェルトを葉っぱの形に切る。 ・フェルトに縫う線をチャコえんぴつで書く。 ・針に糸を通す。 ・玉結びをする。 ・2，3針ずつ縫う。 ・玉どめをする。 ・名前の縫い取りをする。 ・ボタンつけをする。 ○台布にできあがったワッペンを安全ピンでとめる。 3　かたづけをする。 ・使った針が針さしにあるか確認する。 4　本時のまとめと次時の予告。 ○できあがったタペストリーを見て，感想を話し合う。	・針に糸が通せないでいる児童には，糸通しを使うよう声をかける。 ・玉結び，玉どめができない児童は，友だちや教師に手助けをしてもらい，縫う意欲を失わないようにさせたい。 ・作業の度に，確認する習慣をつけさせたい。 ・自分の作った作品の完成に満足感をもたせたい。	○簡単な縫い方ができる。（知識・技能） ○小物作りに関心をもち，糸と針を使い，製作しようとしている。（学びに向かう力・人間性） ○製作に必要な用具を安全に取り扱うことができる。（知識・技能）
ふり返る	○縫うことが日常生活に活用でき，学校生活を楽しく，豊かにすることを知る。		

家庭科で生かす言語活動

　家庭科では，調べる，考える，工夫する，できるの4つを基本に子どもたちが学習します。実践的・体験的な活動を通して，言語活動の充実を図りながら家庭科の学習指導を進めていきましょう。

●調査・観察・見学
　調査には調査票を用いる調査，聞き取り調査，文献・資料調査などがありますが，家庭生活を見つめ，問題を発見できるようにします。その際，ICTの活用も取り入れたいものです。調査・見学のテーマの例としては，仕事の分担や生活時間調査，食事・おやつ調べ，住まいの汚れウォッチング，地域のごみ収集法などのほか，普段あまり意識していなかった生活に目を向け，興味・関心をもって追究できるようにしましょう。また，高齢者施設や清掃工場などの見学を通して様々な人びとと（高齢者，その道の専門家など）と交流したり，知識や技能を得ることもできます。

●実験・実習
　実験の例としては，卵の凝固温度，米の吸水時間，加熱による青菜のかさの変化，布地の吸水性，綿の栽培，部屋の換気などがあります。実験・実習学習では，衣・食・住の生活事象や事実の背景にある自然科学的な原理を具体的にとらえさせたり，予想したことを実際に確かめることができます。実習と組み合わせて，その前後に位置づけることも効果的です。条件を整えた実験によって，実習で気づいた生活の事実を確かめたり，実習からは判断できない疑問を解決することができます。また，生活に潜んでいる意外な原理を子どもに気づかせ，理解させることもできます。

　実習はものを作ったり，洗濯・掃除などの作業を中心にした学習であり，生活体験が乏しい現代の子どもたちが直接体験できる授業形態ですが，単なるもの作りに陥ることがないように留意することが大切です。教師が材料を準備し，手順を伝達し，失敗なく作り上げる，というような教師主導の実習ではなく，子どもたちが問題意識をもち，自ら探究・発見するような学習が不可欠です。そのためには，子どもの「なぜ」という疑問を大切にして，どうしたらよいのか考えさせ，試行錯誤する機会を与えるとよいでしょう。

★発表
　子どもたちが追究したことをもとに，言葉や図表，概念などを用いて，自分の課題に基づき生活をよりよくする方法を考えたり，実習などで体験したことを説明したり，表現したり，話し合ったりするなどの学習活動を取り入れ対話的な学びの場をつくりましょう。

●ロールプレイング，ディベート
　ロールプレイングはある状況を設定し，父・母・子というような配役を決め，役割演技を通して問題の改善に迫るものです。役割交替することによって，自己の客観視と他者への理解を可能にします。

　ディベートはあるテーマをめぐって，自分の意見に関係なく肯定・否定の2チームに分かれて討論します。ルールに従い勝敗を判定するゲームであり，多角的にものを考える力を養うことができます。

Ⅲ章

家庭科指導 Q&A

Q. 家庭科室での安全確保にはどのようなことに気をつければよいですか？

A. 以下の点を子どもたちに徹底させましょう。

● 火気について

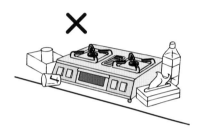

□こんろのまわりに燃えやすいものを置かない。

□なべやフライパンの柄を持つときは，(特に鉄製)熱くなっていることがあるので注意する。

□アイロンは，安全なところに立てて置き，手でさわったりしない。

● けがについて

□調理実習中は，いすや荷物をかたづけておく。

□作業しやすいスペースを確保するように，使わないものをかたづける。

□ほうちょうを，まな板からはみ出して置かない。

□作業中はよそ見をしない。

□床がぬれたら，すぐに拭く。

□家庭科室の中では走らない。

□使った用具は所定の場所(もとの場所)にしまう。

> 家庭科室に何があるか確認しましょう。
> →p.22-23

●衛生について

□髪の毛が長い場合は束ねる。三角巾やバンダナ等を利用して，前髪を覆うように結ぶ。
□エプロンは清潔なものを用意する。汚れが目立つ色がよい。
□衣服のそでが長いときはまくる。衣服が食品にふれないようにする。
□手を清潔にする。石けんで，指の間や手首まで洗う。つめを，短く切っておく。
□手を拭くハンカチ，ハンドタオル等は各自が用意する。
□手にけがをしているときは，食品にさわらない。

---- **先輩教師のアドバイス** ----

給食白衣を代用することはさけましょう！

・丈が短く，ガス台から調理台に手を伸ばすと，すそがこんろの炎にふれることがあるからです。
・給食用の白衣は，給食当番が毎日着用するものなので，常に衛生に気をつけておきたいからです。

Q. 事故が起こったときはどのような対処をしたらよいですか？

A. 緊急事態発生時の対処のしかたをフローチャートにしておくとよいでしょう。

■まずは事故を起こさないように，安全面，衛生面には十分な配慮をし，事故防止につとめる

安全面では，手縫い用の縫い針やまち針，はさみ，ガスこんろ，ほうちょう，ミシン，アイロンなどの安全な使い方や扱い方，ゆでじるやみそしる，熱湯，使った直後のフライパンやなべによるやけど等，常に授業の中で指導していくようにします。

衛生面では，身じたく，ほうちょうやまな板の扱い，調理用具の扱い，ふきん・台ふきんの管理，調理材料の管理などに配慮していくようにします。

■それでも事故は起こる

切り傷，やけどなど，けがの状況をみて，どう対応するか考えます。
家庭科教師（家庭科の授業を行う教師）がしなければならないことは，以下のことです。
・学校長，養護教諭へ連絡し指示をもらうこと
・子どもたちを落ち着かせること
・保護者への連絡（学校長の指示による）

災害（地震や火災）が起きた場合
・調理実習中のときは，すぐに火を消し，ガスの元栓を締めましょう。
・アイロンを使っているときなどは，熱源を必ず切りましょう。
・校内放送の指示に従って，子どもたちを避難させます。

■緊急事態発生時の対処及び救急連絡体制を作り，それに従って行動する。

●緊急事態発生時の対処及び救急連絡体制（フローチャートの例）

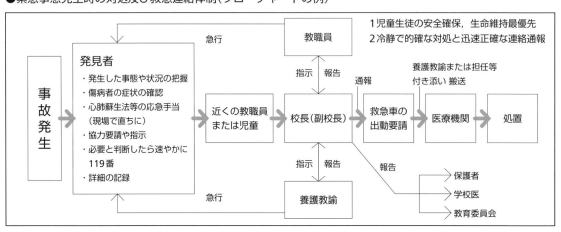

Q. 家庭科室の備品の整備はどうしたらよいですか？

A. 必要なものをリストアップしておきます。

備品の購入は予算委員会で決まる

　各学校では，多くは組織として「予算委員会」が4月から5月初旬の間に開かれ，その年度に購入するもの，必要なものなどの検討・調整を行っています。予算の決定のしかたは学校により違いますので，確認しておきましょう。

リストアップして優先順位を決める

　毎年決められた予算内で購入するので，購入するものを計画的に決めなければなりません。家庭科の授業にかかわっている教師や家庭科部会の教師が，日々の授業を行うなかで，学校に無くて困った物やあったほうがよい物などをリストアップし，「予算委員会」に購入したい物の優先順位を考えながら申請をします。ミシンのように数多く必要なもので一度に全部購入できない場合は，数年間で買い揃えるように計画します。「教材機能別分類表」も参考にしましょう。

多少高額ですが，あるとよいものは，

・ほうちょうやまな板の滅菌保管庫（ほうちょう20本とまな板20枚保管可能）
・全自動乾燥洗濯機（直射日光に当てられないときのふきんの乾燥，殺菌にも活用）
・耐熱ガラスなべ（ご飯がたける様子を観察）
・電子レンジ，ホットプレート，ロックミシン，コンピューターミシンなど
　があります。

参　考
● **小学校家庭科の教材機能別分類表**

設置の目安が国から示されています。

1　発表・表示用教材

- **黒板の類**…黒板（栄養，献立表など）など
- **掛図の類**…教授用掛図（家庭など）など
- **標本・模型**…標本（基礎縫い，布地など），模型（食品，献立など）など
- **教師用教具**…裁縫用具一式，栄養指導用具一式など
- **ソフト教材**…DVD，スライド，ビデオテープなど
- **指導用PCソフト**…家庭科指導用など

2　道具・実習用具教材

・衣服関係教材
①衣服手入れ教材…電気アイロン，アイロン台，噴霧器，電気洗濯機一式など
②衣服製作教材…ミシン及び付属品，裁縫板，裁縫用具一式，大鏡など
・調理関係教材
①調理用具…こんろ，炊事用具一式，なべ類一式，容器一式，食器一式など
②電化製品…電子オーブンレンジ，ホットプレート，電気冷凍冷蔵庫，エアタオルなど
③計量・検査器…上皿自働秤，計量器，食品成分検査用具（塩分計，糖度計など）など
- **整理用教材**…電気掃除機，清掃用具一式，まな板ほうちょう滅菌庫など

3　実験観察・体験用教材

- **家庭関係測定器**…家庭関係測定器一式など

Q. 実習で使う材料を準備するにはどのような方法がありますか？

A. 製作実習と調理実習では異なりますが，以下のような方法があります。

製作実習

製作実習に必要な材料・用具などの準備は2~3週間前にします。

・型紙
・布
・その他の材料・用具（裁縫用具など）

裁縫箱の準備については→p.48

　製作材料・用具を一括購入する場合と，個別で用意させる場合とがあります。
　一括購入の場合は必要なものが同時にそろいますが，全部同じものになるので用具などへの記名を徹底させるようにしましょう。製作キットの一括購入もできます。
　個別に用意させる場合は，家庭にあるものも積極的に活用させ，材料・用具に漏れの出ないよう実習前に必要なものを確認しておくようにしましょう。

おもな裁縫用具

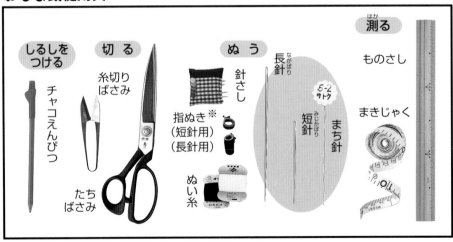

調 理 実 習

調理実習の材料は前日に用意します。

・食材
・調味料の確認

　一括購入する場合と，調理実習の班ごとに子どもたちに用意させる場合があります。

一括購入のしかた

　調理実習の食材を一括購入するときには，使う分量だけを用意してくれる販売店があると便利です。商店街の青果店や給食センター，スーパーマーケットなどでも対応してくれるところがあるので，問い合わせてみるとよいでしょう。

子どもたちに用意させる場合

　買い物の学習と関連できますので，しっかり計画を立てさせ，メモをとりながら購入させるよう指導しましょう（→先輩教師のアドバイス）。
　個別に用意させるときには，子どもの家庭でつくった米，野菜，みそなどがあればもってきてもらうと調理実習がより身近なものになるでしょう。

先輩教師のアドバイス

「C 消費生活・環境」の学習と関連させましょう

　材料の準備については，学校や子ども，地域により適切な方法が求められます。地域の中で，子どもが材料を準備できる場合は，「C 消費生活・環境」の内容と関連させて題材を構成することができます。
　たとえば，調理の基礎における調理実習の学習では1時間を使って実際に購入する学習も取り入れることができます。

　「B 衣食住の生活」の「(5)生活を豊かにするための布を用いた製作」については，家庭生活を見つめ，家族とのよりよい家庭生活にするために，布を使って製作することになります。児童が適切に布を準備することがむずかしい環境にある場合は，教材のキットを利用したり，「C 消費生活・環境」の内容と関連させて，家庭にある不用な布を活用したり，衣服などをリメイクしたりするなどが考えられます。

Q. 裁縫用具はどのように準備させたらよいですか？

A. 保護者に連絡をとり，早めに準備の手立てを計画しましょう。

裁縫用具は一括購入の場合と個人購入の場合があります。

一括購入の場合
5年生になってから注文をすることも多いですが，4年生の最後の保護者会などで5年生からはじまる家庭科について話をする機会をもち，早めに注文をしておくとよいでしょう。一括購入を望む保護者もいる一方，強制されるのはいかがなものかと考える保護者もいます。強制するのではなく，保護者に意図を正しく伝え準備するようにしてもらいます。

個人で購入する場合
保護者向けの手紙で必要なものを伝え，授業が始まる前に用意してもらえるようお願いしましょう。誤解を招かないような書き方を心がけ，必ず管理職に目を通してもらってから配布しましょう。

●保護者向けの手紙の例

```
保護者の皆様へ                    ○年4月
                              ○○立○○小学校
                                    △△△△

          裁縫用具の注文について
 5年生への進級おめでとうございます。
　初めての教科にわくわくしている子どもたちと，楽しく学習したいと思っております。いろいろご協力いただくことの多い教科ですので，どうぞ，よろしくお願いいたします。
　さて，授業で使う裁縫用具について必要なものをお知らせしますので，ご用意くださるようお願いいたします。学校で注文することもできますが，空き箱等の利用や，家にあるものの活用をしてくださっても結構ですが，児童が自分専用に使えるものを用意してください。
```

●裁縫用具に必要なもの

★必ず揃えるもの
　(裁縫)箱　手縫い針　まち針　縫い糸(赤・白・黒)
　針さし　糸切りばさみ　チャコえんぴつ
★あるといいもの
　裁ちばさみ　リッパー

先輩教師のアドバイス

裁縫用具の保管
　家庭科室に裁縫用具を預かるスペースがあれば，保管しておくとよいでしょう。家庭科室で保管できない場合は教室保管を考えましょう。
　教科書・ファイル・筆記用具は，家庭科袋を用意して，家庭科室に持ってくるようにしましょう。

Q. 実習の際の板書のしかたを教えてください。

A. フラッシュカードを用意しておくと便利です。

調理実習や製作実習では、「切る」「洗う」「縫う」など、実習の基本パターンがあります。黒板に貼れるマグネット式フラッシュカードを用意しておくと、次の実習のときにも使い回しができます。カードの横にその実習のポイントを板書するようにしましょう。

●板書の例

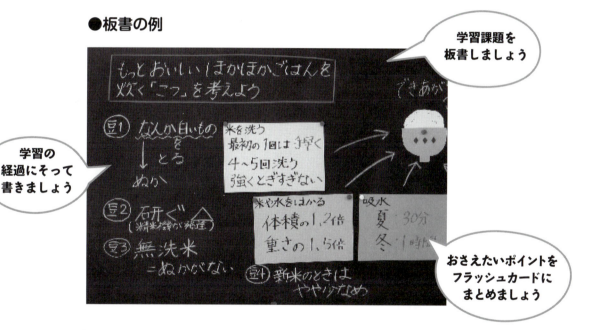

学習課題を板書しましょう

学習の経過にそって書きましょう

おさえたいポイントをフラッシュカードにまとめましょう

先輩教師のアドバイス

板書の際に留意することは
・口頭での説明か板書にするかをよく考え、どちらにするかを決めておく。
・児童の様子がわかるように、体の位置を工夫する（例：黒板に体の4分を、児童に6分を向けるようにする）。
・チョークの色を使い分けて、児童がわかりやすいように書く。
・児童が見やすい（見にくい）位置を前もって調べておく。
・児童に要点がわかるように明確に示す。

Q. 製作実習に欠かせないものは何ですか？

A. 実物見本です。

- まずは実物の見本を作りましょう。子どもたちが手にとって見られる実物が大切です。地域の研究会で協力して用意し，共有化をはかることも考えられます。
- 上手にできた例と失敗した例を用意しておくのもよいでしょう。また，順序を段階的に示した見本（段階見本）も用意しておくとよいでしょう。
- 教師が見本を見せたり，やり方をひと通り説明したりして，子どもたち自身にやらせてみます。試行して疑問をもったり，理解不足に気づいたりします。このときがチャンスなので，実物の見本をみながら子どもたちに考えさせ，正しいやり方を納得させながら進めましょう。

先輩教師のアドバイス

ビデオコーナーで自ら学ばせよう

段階見本に加えて，製作のポイントを何度でもくり返してみることができるビデオ（DVD）教材の視聴コーナーを設けておくことも効果があります。この場合，新学期前に時間を作って事前に確認しておきましょう。タイトルだけでは内容を把握することはできません。またノートパソコンでの動画再生もポイントを繰り返してみるには便利です。いずれにしても先生に頼らず，自力解決する喜びを子どもたちに味わわせたいですね。

はじめての製作実習では，一度示範されたところでも，子どもたちはどう進めればよいか迷うことが多くなります。短時間の試聴で基礎基本を確認できるビデオコーナーは，製作のあらゆる箇所で子どもたちの助けになることでしょう。

開隆堂「DVD ミシンを使おう」より

Q. 子どもの関心を高めるために効果的なことは何ですか？

A. 実物の量や大きさを見せると効果的です。

子どもの学習活動を豊かにするためには、実践的・体験的な活動・学習が求められます。子どもの生活経験が少ないこともあり、実物を見せると関心が高まります。

●実物を見せる示範の例

- 調理実習に使用するいろいろな野菜を提示して見せる。
- 一人分のみその分量をお椀に入れて見せる。
- 卵1個の重さや、1gの食塩の量をはかって見せる。

これらの学習は一度見たという経験から、秤がなくても「1gは、これくらいの量だった」という見当が立てられるようになり、それが「ひとつまみ」であることがわかります。

先輩教師のアドバイス

言葉だけでは子どもは理解できない

乾燥わかめを使ったみそしるに、わかめがいっぱい入っていることがあります。乾燥わかめの重さは、戻したわかめの重さとはまったく違うことを話で聞いただけでは理解できなかったということです。言葉で説明して学習させることよりも、実際に示範して見せることのほうが子どもの理解が深まることがわかります。

■ 米とごはんの体積のちがい ■

たく前　　たいた後

★1人分80g（100mL）の米について、たく前とたいた後の体積を比べてみましょう。

Q. 家庭科におけるグループ学習はどのように進めればよいですか？

A. 学習する目的や内容に応じて、グループをつくっていきましょう。

　5年生の最初の段階では、基本的な知識・技能の習得が主な目的なので、調理実習でも製作実習でも、個人での活動が中心になります。しかし、対話的な学びのために、学習する目的や内容に応じて、様々な形態で活動できるよう、児童の実態を把握し、グループ作りを工夫します。

■グループ学習のよさは

学習する過程で

・グループ内で子どもたちがお互いの学習に対して責任をもつことができる。
・教師が細かくみることのできない、学習の過程での学びの姿を、子どもたちが相互に認めることができ、学び合いが期待できる。
・少人数なので話（発言）がしやすい。

設備との関係で

　調理台やミシンなど、学校の設備によって1台をシェアする場合もグループ学習になります。交替で使うタイミングや役割分担を事前に話し合わせておきましょう。

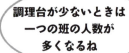
調理台が少ないときは一つの班の人数が多くなるね

■グループ学習の留意点

次の点に留意してグループ学習を進めましょう。

・**学習の目標を明確にする。**
　クラス全体の課題を明確にしておかなければ、単なる個人の興味・関心に流される危険があります。何のためのグループ学習なのか、目的を明確にし、教師の適切な指導が必要です。

・**資料の準備をする。**
　問題解決的な学習などでグループで調べ学習をする場合、子どもたちは膨大な情報の前に戸惑うことがあります。また、必要な情報が見つけられないということもあります。自分自身で情報収集することが大事ですが、図書、新聞、パンフレットなどをもとに、何についてどのような課題を持たせたらよいのか、教師から示唆するための資料提供も必要です。

■グループの具体例
具体的には次のようなグループができますね。

●ペア学習　　人数：2〜3人
　　　　　　　目的：お互いに教え合い、友だちの様子から自ら学ぶ。
　　　　　　　　　　知識・技能の習得（定着）を図る。

　2人組、あるいは3人組で学習するやり方です。
　たとえばミシンを使った製作のときは、1台のミシンをペアで使い、ミシンの扱い方等でお互いに教え合いながら製作するようにします。
　1人に1台のミシンがある環境でも同じように、「2台のミシンを2人で使う、3台のミシンを3人で使う」意識をもつよう声掛けをすることで、お互いの製作過程を意識し、自然とアドバイスし合う姿がみられるようになります。友だちの姿から学び合うこともできます。

　調理実習の場合も同じように、ペア学習にすることで、気づいたことをアドバイスしたり、友だちの様子から、自分の調理に生かしたりするなど、友だちの調理の様子から自分で学ぶこともできるようになります。

●課題別学習　　人数：4〜6人
　　　　　　　　目的：お互いの顔が見える形で話し合い、課題解決に向けての学習に全員が参加する。

　4人くらいの人数が適しています。
　共通の課題をもつ児童で少人数のグループをつくって学習するやり方です。
　課題の解決に向けて、必要な資料や用具を集める等、情報交換をしながらいっしょに考えていきます。共通の課題解決に向けて活動するので、お互いに話し合いながら学習できます。
　たとえば、気持ちのよい住まい方を考える学習で、掃除のしかたや工夫を調べていく中では、材質や場所によって掃除のしかたが異なるので、課題別学習でそれぞれ調べたことを発表し合うなどして、全体で共有できるようにしていくやり方が考えられます。

Q. ワークシートはどのようなときに使うとよいでしょうか？

A. 学習前や，学習中，学習後に使うことができます。いつでも，それぞれの指導に生かしましょう。

ワークシートは問題解決型の学習には欠かせません。先生方で作ったワークシートを共有したり，交換したりして，よりよいものにしていきましょう。以下にワークシートの例を示します。

● **学習前**
自分の家庭生活を見つめて，観察（ウォッチング）したり，家の人にインタビューしたりして，気づいたことや調べたいこと（課題について）などを書きます。

●学習中

課題に沿って調べたことなどをワークシートに書きます。

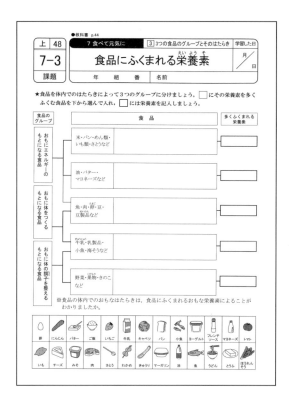
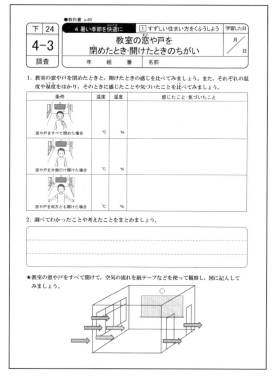

●学習後

学習したことや家庭実践したことを記録します。実践を通して、知識や技能の定着を行ったり、さらに家庭でよりよい生活にするための工夫をしたりします。

記録したワークシートから、子どもたちの学習の進度や定着が見てとれますね。

Q. 家庭科では問題解決的な学習をどのように扱えばよいのでしょうか？

A. 以下のような流れで問題解決的な学習を進めましょう。

子どもたち一人ひとりの思いが課題になり，自分のみつけた課題の解決を通して自信をもつのが家庭科の学習です。

■家庭科の問題解決的な学習の流れ（例　朝の過ごし方を見直そう）

①見つける，気づく，つかむ（生活を見つめ，課題をつかむ）
「〇〇家の朝」というような台本を用意し，ロールプレイングをさせることで，朝の過ごし方について考えさせ，問題点を見つけさせる。

②計画を立てる（解決の段取りをつける）
自分の問題点を発表し，また友だちが頑張っていることに気づいたりするところから，自分にできることを考え，実践計画を立てさせる。

③考える，調べる，わかる
1週間の朝の過ごし方を調べさせる。頑張っているところと問題になるところとを分けて記入できるような用紙を用意して，客観的に観察させる。

④やってみる，できる，工夫する（計画にしたがって調べたり，工夫したりする）
朝食の献立を立てて，自分で作ってみる。

⑤まとめる，見直す，反省・評価（結果の検討，一般化または手直し）

⑥生かす，生活に戻す，広める（生活の中で実践に発展させる）
家族から感謝されたり，達成感をもつことで，継続的に実践を続ける。

先輩教師のアドバイス

「①見つける，気づく，つかむ」については，はじめは，教師が設定したり，クラス全員で話し合って決めたりしますが，話し合いの中で，一人ひとりに，自分の思いが個の課題となることを知らせ，自分の立てた課題に自信をもつことができるようにします。
　課題の解決の方法については，様々な方法があるということを例示すると（「朝の生活を見直そう」なら生活時間の調査や，調理実習が朝食作りに生かせること），子どもたちの参考になり，計画も立てやすくなるでしょう。

Q. 調理や製作実習の指導に自信がありません。どのように指導するとよいですか？

A. 何度も何度も自ら体験し，教材研究をします。

■教師が自分の技能の向上を図ることが必要です

そのためには，何度もくり返して練習しましょう。

実際にやってみることによって，指導するときに子どものつまずきのポイントもわかってきます。そうすることによって，どのような教材を扱えばよいかわかってきます。

また，安全面に配慮するという観点から考えて，地域や保護者の人材を活用し，家庭科ボランティアを導入することも有効です。そのような場合には事前に連絡を取り合ったり，打ち合わせをしたりするなどして，授業のねらいをしっかり理解していただき，参加してもらうようにしましょう。

■保護者に協力をお願いしてみましょう

ゲストティーチャーとして，保護者の方に声をかけてみてはいかがでしょう。調理や被服製作が得意な方もいらっしゃるはずです。事前に，目的を明確にした「お願い」を作成します。一か月程度の余裕をもって，計画を立て，保護者や地域の方々の協力を得るようにします。

■保護者の理解を得るためには

「お願い」で伝えきれない部分については，当日早めに集合していただいて，実習場所を確認したり，助言のしかたを打ち合わせたりしましょう。教師自身が「経験がないから上手にできない」状況であっても「一生懸命教えたい」という強い熱意を正直に伝えましょう。きっと，教師の真意を理解し，好感をもって協力していただくことができます。保護者への呼びかけは，管理職の先生への相談を密にして行いましょう。家庭科専科の場合は，担任教師との相談も必要です。

Q. 調理や製作実習の評価はどのように行うとよいですか？

A. 学習の結果だけでなく，過程にも注目し，多面的に評価しましょう。

　学校では製作した作品の仕上がりを見たり，調理実習では調理したもののもりつけなどを見たりして，「上手にできている」と判断する傾向が見られます。評価の観点をあらかじめ明確にしておき，客観的に判断をしましょう。子どもの取り組む様子や友だちとのかかわりなどを観察するなど学習に取り組む過程で，その子のよさを見つけ，伸ばしていくように評価していくことが大切です。

■個に応じた評価をする

　学習中の発言，つぶやき，活動の様子，学習カードへの記入の内容など様々な観点から，子どもを見とり，一人ひとりを生かす指導をし，個に応じた評価を行いましょう。子どもたちの**自己評価，相互評価**を生かすことも大切です。

■座席表を用いて評価する

　その学習のねらいに対してどうだったかということを簡単にメモしておくだけで，評価の役に立ちます。そのために，座席表評価カードを用意しておくと便利です。
　発言内容や作業のしかた等を記号や短い言葉でメモしておきます。回を重ねるごとに，日常目が届いていない子どもの発見もできます。次時に必ず評価したい子どもの絞り込みも，可能になります。ただし，評価だけに集中せず授業を行うことが大事なので，メモできる範囲で十分です。

■評価計画を作成する

　題材の指導計画に対応して，各時間に行う評価を明確にします。

座席表型評価カード　　　5年Ⅰ組

知識・技能 ・・・・・・・・・・・・・・・・・知
思考力・判断力・表現力 ・・・・・・・思
学びに向かう力・人間性 ・・・・・・・学

■調理実習の評価

●調理実習の評価は単時間評価となります。

　1時間あるいは2時間の中で調理をしますが，できあがりの状態だけで評価するのではなく，調理の手順だけでも，材料の洗い方，切り方，味のつけ方，もりつけ，配膳，あとかたづけなどがあり，学習のねらいに対応して主として評価することを明確に持つことが大切です。また食事中のマナーもみなければいけません。調理カードにそれぞれのポイントごとに評価欄を設けて記入させ，自己評価，相互評価も活用しましょう。

■製作実習の評価

●製作実習の評価は長時間評価となります。

　準備の段階で，指導計画と共に評価計画も立てておきます。できあがった作品だけで評価をするのではなく，毎時間のねらいを達成できているかどうか，製作への取り組み方はどうかなどをチェックし，必要な指導を行いながらそれぞれの目標を達成できるようにすることが大事です。
　評価の観点はいくつもあるので，どの時間にどの場面でどの観点の評価を行うのかということをはっきりさせておくとよいでしょう。

先輩教師のアドバイス

自己評価，相互評価を活用してみましょう

　自己評価，相互評価を活用するには，自己評価カードを作成しましょう。自己評価カードには，これから自分が学習する計画を記入する欄と，その学習が終わった後に記入するふり返りの欄を作ります。こうすることによって，計画に対して自分の進度はどうなのか把握することができたり，次回必要なものが何か確認できたりするので，前向きに取り組もうとする意欲の喚起につながります。
　また，友だちと学習の進みぐあいを評価しあう相互評価の欄も作りましょう。友だちにほめられたり，励まされたりすることでより意欲が高まることになります。

●自己評価カードの例

時	月日	学習予定	今日の学習のふり返り	評価	友だちからアドバイス
1	5/30	自分の作りたいものを考える	お母さんのために作ろうと考えた。使ってもらえるようにきれいに作りたいな。	◎	使ってもらえるようにガンバレ
2	6/6	形や大きさ，作り方を調べる			

Q. 調理実習の題材はどのような流れで進めればよいですか？

A. 2年間の見通しをもって，簡単な調理から進め，生活につなげていきましょう。

基礎的な技能を生かして一品を調理することから，家族のために1食分の食事を作ることへと，子どもの技能や意欲をつなげていきましょう。

お茶をいれてみよう

ガスこんろの安全な使い方がわかり，湯を沸かすことができる。

学習する技能
- ・点火から消火までの手順　　・安全面への配慮
- ・火力の調整（火加減）　　・お茶のいれかた

ごはんをたいてみよう

おいしいごはんのたき方がわかるようにする。

学習する技能
- ・計量カップの使い方　　・浸水時間
- ・水の量，火加減の調節

青菜とじゃがいもをゆでてみよう

食品や用具を衛生的に安全に使って青菜とじゃがいもをゆでることができるようにする。

学習する技能
- ・基本的な調理操作（洗う，切る，ゆでる，もりつける）
- ・用具の安全な取り扱い
- ・ほうちょうの取り扱い
- ・身じたく，手洗いのしかた
- ・試食
- ・あとかたづけ

みそしるを作ってみよう

おいしいみそしる作りができるようにする。

学習する技能
- ・だしの取り方　　・実の切り方
- ・みそしるを作る手順　　・実の組み合わせかた

フルーツの盛り合わせ

家族とのふれあいや団らんで一品用意する。

学習する技能
- りんごなどの皮のむき方・切り方
- ナイフの使い方

ゆでてみよう → いためてみよう

食品に応じたゆで方がわかり，ゆでることができる。

学習する技能
- 食品のゆで方（水からの場合と湯からの場合）

湯からの場合　　水からの場合

いためてみよう

食品のいため方がわかり，いためることができる。

学習する技能
- フライパンの使い方　・油の使い方
- 食品の切り方・いため方　・いためる順序

おかずの調理の計画 → 1食分の食事を作ろう

1食分の献立を考えて調理することができる。

学習する技能
- 作業の順序や時間の配分
- 基本的な調理操作（洗う，切る，ゆでる，もりつける）
- 用具の安全な取り扱い
- ほうちょうの取り扱い
- 身じたく，手洗いのしかた
- 試食
- あとかたづけ

1食分の食事を作ろう

家族のために1食分の食事を作ることができる。

学習する技能
- これまでの調理実習で学んだ調理技能を活用した，家庭実践の計画を立てる

Q. ほうちょう(→p.98)を使うときにはどのようなことに気をつけさせたらよいですか？

A. 特に以下の点を子どもたちに確実に習得させましょう。

●運び方

☐ほうちょうはケースにふきんをしき，ふたをして運ぶ。

●置き方

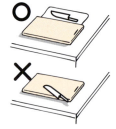

☐ふきんにのせて置く。
☐刃を向こう側にして置く。

●渡し方

☐手渡しは避け，机上の平らなところに置いて渡す。

●持ち方

☐握り方は上のように2通りあるが，柄を短く持つ。

●切り方

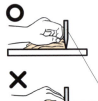

☐切るものを押さえる手は，指先を曲げておく（ねこの手）。

●洗い方

☐安定するところに置いて，たわしやスポンジを使って洗う。
☐柄を押さえ，峰から刃の方向へ動かして洗う。
☐流水で洗う。
☐ふきんで包んで水気を取る。

先輩教師のアドバイス

ほうちょうの管理は…

①保管箱にしまう

☐調理の始めと終わりは，グループごとに保管箱に入れて運ぶ。
☐よく洗った後に，水気をふきとり，保管箱に納める。
☐保管箱の出し入れは必ず教師が行い，本数を確認してから，鍵をかけて保管する。

②滅菌庫にしまう

☐滅菌庫の出し入れは必ず教師が行い，本数を確認してから，鍵をかけて保管する。
☐滅菌庫には，乾かしてから入れ，タイマーをセットする。
☐切れ味や刃こぼれは定期的に点検する。

Q. 食材・用具・食器の洗い方の指導はどのようにしたらよいですか？

A. ていねいに洗うように注意しましょう。
水や洗剤の使い方，ごみなど環境にも配慮して以下の点を子どもたちに注意させましょう。

●食材の洗い方

□生野菜は，流水でていねいに洗い，洗剤は使わない。

□葉もの（青菜）は，根を切りとり，きたない葉を取り除いて，ボウルの中で，洗う。

□全体を洗う。

□じゃがいも・にんじんなどは，たわしなどを使ってでこぼこしている部分もていねいに洗う。

□きゅうり・トマト・ピーマンなどは，流水でていねいに洗うようにする。

●用具・食器の洗い方

□用具や食器を洗う場合は，流水でよく洗い流す。

□油汚れは，紙などで拭きとってから，湯を使って洗うとよい。

□まな板は洗ったあとに熱湯をかけて殺菌する。

●洗剤の使用

□台所用合成洗剤を使用する場合は，使用量の目安や使用上の注意をよく読み，うすめて適量を使うようにする。洗剤容器に使用量の目安のためのしるしをつけておいてもよい。
＜例＞使用量の目安　水1Lに対して0.75mL

□石けんは，分解性の高い物質が主成分のため，下水処理への影響は，ほとんどないと考えられる。石けんも，合成洗剤も，適量を守ることが大切です。

Q. 火を扱うときに気をつけさせることは何ですか？

A. 以下の点を子どもたちに徹底させましょう。

●点火する前
□まわりに燃えやすい物を置かない。

家庭と学校で加熱機器が違えば，使い方も異なることを注意させましょう。

●炎の調節
□炎を見て調節する。

●換気
□窓を開けたり，換気せんを回したりして換気に注意する。

●ガスもれに気づいたとき
□窓や戸を大きく開ける。　□室内の電気器具のスイッチを入れない。　□器具栓とガス栓をしめる。

Q. 実習が終わった後に教師がすることは何ですか？

A. あとかたづけと点検です。

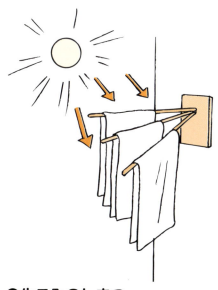

●ふきん
- □ふきんは，衛生面を考えて，学校で用意したものを使用する。
- □食器用のふきんと，テーブル（つくえ）をふくふきん（台ふきん）は，区別する。また，洗う場合も別々に洗う。
- □使用後はきれいに洗い，直射日光を当てるか，乾燥機を使用して，十分乾燥させた後，収納場所に保管する。

●生ごみのしまつ
- □洗い場，ごみ箱に残っている生ごみを指定の方法で捨てる。

●アイロン
- □アイロンが熱をもっているうちはかたづけられないので，十分に冷めてからしまう。

●その他
- □その他，用具・食器の数を点検しておきましょう。

Q. 製作の題材はどのような流れで進めればよいですか？

A. 興味をもたせながら，基礎・基本の技能を身につけさせましょう。

■簡単なものから難しいものへ，単純なものから複雑なものへ

簡単なものからやや難しさのあるもの，複雑なものへと指導計画を立て，子どもに興味をもたせながら，生活に役立つもの，豊かにするものの製作を目標にしましょう。

■玉結び，玉どめの練習

玉結びと玉どめを用いた作品で楽しみながら，定着をはかる。

学習する技能
- 糸の通し方
- 玉結び
- 玉どめ

玉結びや玉どめを使った作品

■針と糸に慣れよう

製作に関心をもち，用具の安全な使い方がわかり，針と糸で簡単な名前の縫いとりをする。

学習する技能
- 糸の通し方
- 玉結び
- 玉どめ
- 縫いとり

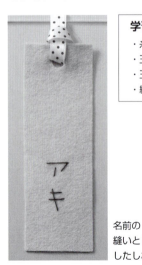

名前の縫いとりをしたしおり

■針と糸を使って作ってみよう

小物の製作計画を立て，作る楽しさを味わいながら製作する。

学習する技能
- 玉結び　　（・返し縫い）
- 玉どめ　　（・かがり縫い）
- なみ縫い　（・まち針をうつ）
- ボタンつけ

カードケース

■縫い方をくふうして作ろう

生活を豊かにするもの，自分の作りたいものを，計画に従って，工夫して作る。

学習する技能
- 布を裁つ
- しるしつけ
- ミシン縫い
- アイロン

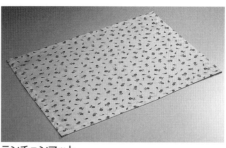
ランチョンマット

■くふうして製作しよう

計画に従って，布の大きさや裁ち方，しるしのつけ方を自分なりに工夫してできる。
自分の作るものの製作計画をもとに縫い方の手順を考え製作する。

学習する技能
- 布をたつ
- しるしつけ
- まち針をうつ
- ミシン縫い
- 布を表に返す
- 三つ折り縫い
- ひもを通す

ナップザック

■思い出の衣服を利用して

物を大切にして製作したものを生活に活用する喜びを味わうことができる。

学習する技能
- 布を裁つ
- しるしつけ
- ミシン縫い
- 布を表に返す

着なくなった衣類をリフォームしたクッション

■学んだことを生かして，生活を豊かにするものを作ろう

今までの学習を生かして，自分が実践できることにチャレンジし計画を立てて製作する。

学習する技能
- 布を裁つ
- しるしつけ
- ミシン縫い
- 布を表に返す

ティッシュボックスカバー

Q. 針の扱いで気をつけることは何ですか？

A. 以下の点を子どもたちに徹底させましょう。

●**使用前後**
□はじめる前に針の本数をかぞえましょう。使い終わった針は元に戻して，針の本数を数え使用前と同じ本数か確認しましょう。
□針さしを用意し，使ったあとは針さしにさしておきましょう（針を刺す位置にマークしておくと，数の確認になる）。

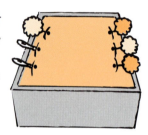

●**針を使っているとき**
□縫い糸の長さは，糸を引いたとき，となりの人に針が当たらないように50～60cmにする。うでの長さや机の幅を目安にするとよい。
□針先をほかの人に向けない。

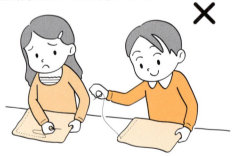

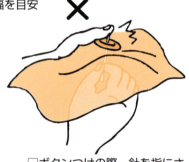

□ボタンつけの際，針を指にささないよう気をつける。

●**まち針のとめ方（うち方）**　　●**指ぬきを使いましょう**

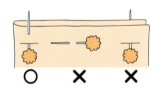

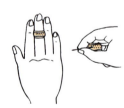

□手前からしるしと垂直になるようにさす。

□長針用
くぼみが手のひら側になるように中指にはめる。

□短針用
くぼみが手の甲側になるように中指にはめる。

Q. はさみの扱いで気をつけることは何ですか？

A. 以下の点を子どもたちに徹底させましょう。

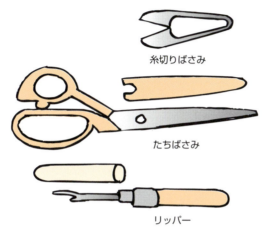

糸切りばさみ
たちばさみ
リッパー

□裁ちばさみは布以外のものを切らない。

□使わないときは，サックをして安定したところにおく。

□落下しないように置き場所に気をつける。

□糸切りばさみやリッパーで縫い目をほどくときは布を切らないようにする。

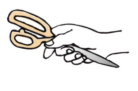
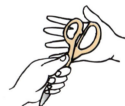

□持ち運びなどに注意し，手渡すときは，刃先を相手に向けないようにする。机の上に置いて渡すようにするのもよい。

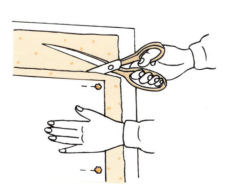

□裁ちばさみを使うときは，下の刃をテーブルにつける。布を押さえる手の位置に注意する。

□使用しているときに，刃先を他人に向けたり，ふざけたりしないようにする。

Q. ミシンの扱いで気をつけることは何ですか？

A. 子どもたちに以下の点を徹底させましょう。

【ミシンの事故例】
・ポータブルミシンの移動中に足に落とす
・テーブルミシンをひっくり返す
・布を押さえている手に針をさす

● 安全に気をつけましょう

| ポータブルミシン | テーブルミシン |

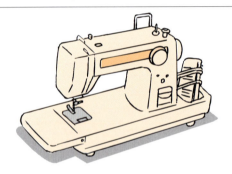
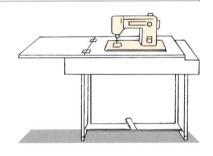

□机の端に置くと，バランスを崩すので，安定した場所を選ぶ。
□底を持って移動させる。
□カバーはじゃまにならない場所に置く。
□コントローラーを取り出してから，プラグを差し込む。

□頭部は重いので，両手で静かに取り出す。

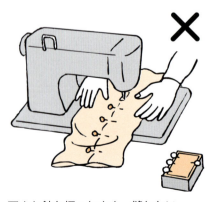

□ミシンをかけている人の周りを走ったり，ふざけたり，体にふれたりしない。

□まち針を打ったまま，縫わない。
□まち針の近くまで縫い進み，まち針をはずす。

●操作に注意しましょう

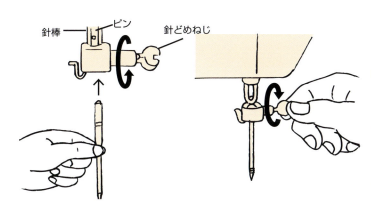

□針をつけるときは，電源のスイッチを切る。

□針の平らな面を手前ではなく，向こう側にして，取りつける。

□針の頭の部分がとまるところまで入れる。

□針どめねじをかたくしめる。

□針が自分の正面になるように，いすを安定させて座る。

□必ず一人で操作する。

□布の動きに合わせて，手を軽くそえ，布を引っぱったり押したりしない。

□使用中は針から目をはなさない。

□針で指を刺さないように，針棒から10cmくらい離れた所に手を置く。

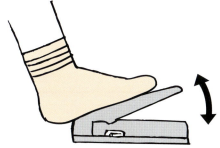

□コントローラは急に強くふまない。

□コントローラの向きに注意する。

□慣れるまでは，速度をゆっくりにして動かす。

●教師が注意すること

□授業前にミシンが正常に作動するか確認しておく。
□台数は余分に用意しておく（1台は故障が出た場合のストックとして）。
□針を新しいものに交換する。

Q. アイロンを使うときに気をつけることは何ですか？

A. 以下の点を子どもたちに徹底させましょう。

●使用上の注意

- □アイロンは，机の端を避けて，安定した場所に置く。
- □アイロンのコードをひっかけないように注意する。
- □温度調節を布地に合わせて設定する。
- □使用しない時は，温度調節を「切」にして，アイロンを立てておく。
- □スチームはやけどする危険があるので，ドライの状態で使用する。スチームを使ったときは，使用後は完全に水分を蒸発させるようにする。
- □かたづけは，アイロンがさめたことを確認してから教師が行う。
- □安全上，低い位置に収納する。

□熱くて，危険！！適温になったかどうかは，パイロットランプで確認する。

□やけどをしないように，手の位置に注意する。

□布の上にアイロンを置いたまま席をはなれない。

●コンセントの扱い

□タコ足配線をしない。

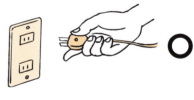

□コードをひっぱらないで，さしこみプラグを持って抜く。

Q. 家族と家庭生活はどのように扱えばよいですか？

A. 家庭生活や地域の人々とのかかわりを大切にすることを，2年間を通して繰り返して深めていきましょう。

　平成29年版学習指導要領では，「家庭生活を大切にする心情を育み，家族や地域の人々との関わりを考え，家族の一員として，生活をよりよくしようと工夫する実践的な態度を養う。」となりました。

　「A　家族・家庭生活」の内容は，(1)(2)(3)(4)で構成されています。まず，「A　家族・家庭生活」の(1)のアについては，内容の取扱いにもあるように，第5学年の最初に履修することとなっています。
　このとき，第4学年までの学習をふまえ2年間の学習の見通しをもつことができるようにするとともに，「A　家族・家庭生活」「B　衣食住の生活」「C　消費生活・環境」の学習と関連させて学習するようにします。

具体的には・・・

　「A　家族・家庭生活」の指導項目(1)(2)(3)(4)については，小学校の指導においては，「B　衣食住の生活」とかかわらせ，家庭生活を見つめさせる学習から始めたり，学習したことを家庭で実践したりするなどの学習が考えられます。また，地域にはどのような人々が住んでいて，どのような生活が営まれているのか知り，よりよい生活のためにどうしたらよいか考えるような学習も効果的です。

たとえば，以下のことなどが考えられます。

- 生活時間を見直し自分で管理する視点として，「家族とともに過ごす時間はどのくらいかな」と投げかけたり，家族とのかかわりの時間をどうやってつくったらよいか工夫させる
- 調理においても家族との食生活を考えて1食分の献立を考えさせる
- 「生活を豊かにするための布を用いた製作」においては，「家族との生活を豊かにするものをみつけよう」として家庭生活と家族の大切さに気づかせる

A　家族・家庭生活
(1)家族・家庭生活
　　ア　成長の自覚，家庭生活と家族の大切さ
(2)家庭生活と仕事
　　ア　家庭の仕事と分担，生活時間の工夫　　イ　家庭の仕事の計画
(3)家族や地域の人々との関わり
　　ア　家族との触れ合いや団らん　　イ　地域の人々との関わり
(4)家族・家庭生活についての課題と実践
　　ア　日常生活の中から問題を見いだして課題設定，実践

Q. 「食生活」に関してはどのような題材を扱えばよいですか？

A. 「調理の基礎」に関する題材（p.60-61）のほかに，次のような題材を扱います。

「食」では，日常の食事と調理の学習を通して，日常の食事への関心を高め，食事の大切さに気づくとともに，調和のとれた食事と調理に関する基礎的・基本的な知識及び技能を身につけ，食生活をよりよくしようと工夫する能力と実践的な態度を育てることをねらいとしています。

「調理の基礎」の題材以外で，具体的には，以下のような題材が扱えます。

食事の役割

●**食事の役割と日常の食事の大切さ**
　日常の食事に関心をもち，食事の役割を知り，食事を大切にしようとする気持ちを育てるようにします。

たとえば，子どもたちに食事のしかたをふり返らせることで，心身ともに健康であるための日常の食事の大切さに気づかせ，食事の様々な役割について考えさせることができます。

●**題材例：なぜ食べるのだろう（1時間）**

| わたしたちはなぜ食物を食べるのかを，考える |

・「お腹がすくから」「元気がなくなるから」「おいしいから」などいろいろな理由があげられる。

| 食事の役割を考える |

・児童から出された意見をもとに食事の役割について考えさせる。
●生命や健康の維持
●活動（エネルギー）
●成長（体をつくる）
　……栄養としてのはたらき
●生活のリズム……生活を作り，規律ある健康的生活基盤を作るはたらき
●人と人とのつながり……食事は家族や友だちとの団らんの場を作り，行事・祝いごとなど，食事を仲立ちとして，人や社会とのかかわりを深めるはたらきをもつ。

朝食を食べると学習や活動のための体の準備ができますね。

●楽しく食事をするための工夫
　楽しく食事をするために必要な事柄を考え，工夫することができるようにします。はしや食器の扱い方など，食事のマナーはその1つであることがわかるようにします。また，A（3）「家族や地域の人々との関わり」との関連を図ることもできます。

　たとえば，ごはんとみそしるの調理実習の時間の中で，配ぜんのしかたや食事作法，マナーなどを確かめながら試食することができます。

●題材例：ごはんとみそしるの調理実習をしよう（2時間）

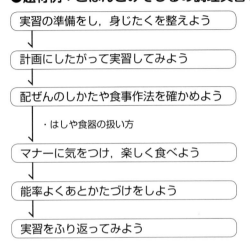

配ぜんの例

茶わんとはしの持ち方

栄養を考えた食事

●体に必要な栄養素の種類とはたらき
　食品に含まれる栄養素が体の成長や活動のもとになることに関心をもち，栄養素の種類とはたらきを知り，栄養を考えて食事をとることの大切さがわかるようにします。

●小学校での五大栄養素の扱い（→p.94）

　五大栄養素とは，炭水化物，脂質，たんぱく質，無機質，ビタミンをいいます。次のようなはたらきがあることがわかるようにします。

◎**炭水化物や脂質**　主として，体内で燃焼されることによりエネルギーに変わり，体温の保持や活動のために使われる。
◎**たんぱく質**　主として体をつくるのに役立つがエネルギー源としても利用される。
◎**無機質**　カルシウムなどがあり，カルシウムは骨や歯の成分となるが，体の調子を整えるはたらきもある。
◎**ビタミン**　体の調子を整えるはたらきがある。

> ●食品の栄養的な特徴と組み合わせ
> 　日常よく摂取している食品に関心をもち，食品は主に含まれる栄養素の体内でのはたらきにより3つのグループに分けられることを知り，食品を組み合わせてとる必要があることがわかるようにします。

　たとえば，日常の食事（給食）に使われている食品を調べ，グループ分けをし，バランスのよい食事になるよう工夫することができます。

●題材例： バランスのよい食事をしよう（3～4時間）

栄養素の種類とはたらきを調べ，まとめる
- 五大栄養素と3つのはたらきとの関係を知る。
- 五大栄養素のはたらきを調べ，まとめる。

↓

栄養素の種類とはたらきを確認する
- 栄養素の種類とはたらきを具体的に発表する。

↓

体内に入った食べ物は，どうなるのか調べる

いろいろな食品を食べる理由について考える

食品は体内で
- おもに体をつくる
- おもにエネルギーのもとになる
- おもに体の調子を整えるなど，違ったはたらきをしている。

※この分けかたには順番があるというわけではない。

↓

朝食や夕食で食べた食品を3つのグループに分ける

自分の食事を3つのグループに分け，気づいたことを話し合う

→

バランスのよい食事になるように考えて，食品を選ぶ。これからの食事について，気をつけることや大切なことをまとめる

> ●1食分の献立
> 　食品を組み合わせていろいろな料理ができることに気づき，バランスよく食品を組み合わせておかずとなる料理を考え，3つの食品グループのそろった具体的な1食分の献立を考えることができるようにします。

　たとえば，これまで学んだ栄養のバランスや調理時間などを考慮して朝食作りの計画を立て，調理実習をしたり，家庭での実践につなげることができます。

●題材例： 食事の計画を立てよう（2時間）

食事調べから学んだことを生かして，食事の計画を立てよう
- 1皿ですむ料理もあるし，何皿かで1食分の食事になっているものもある。
- いろいろな食品を使っている。
- 朝・昼・夕の特色がある，など。

↓

手順について
- 自分が作ってみたい食事の計画を立ててみる。
- 何品作るかを決める。
  - 1グループの人数
  - ガス台使用の工夫
  - 共同してよい作業
  - 必ず一人で行う作業
  - 材料の用意のしかた

↓

- 組み合わせを確かめる。
  - 主食に合うか
  - 栄養的なバランス
  - 色どり

↓

おかずの工夫
- 調理のしかた
- 味のつけ方　など。

↓

調理の工夫
- あたたかいものはあたたかく。
- 時間のかかるものは先に。

Q. 「衣生活」に関してはどのような題材を扱えばよいですか？

A. 「生活を豊かにするための布を用いた製作」（p.66-67）のほかに，次のような題材を扱います。

「衣生活」では，先に取り上げた製作実習のほか，日常着の着方と手入れに関する実習などがあり，衣服への関心を高め，着方や手入れの基礎的・基本的な知識及び技能を身につけ，目的に応じた快適な着方を考え工夫する能力を育てることをねらいとしています。

「A　家族・家庭生活」や「C　消費生活・環境」との関連を図った題材も考えられます。

具体的には，以下のような題材が扱えます。

衣服の着用と手入れ

> ●衣服のはたらきと快適な着方の工夫
> 　児童の日常着を取り上げ，衣服の主な働きや季節や状況に応じた日常着の快適な着方や手入れに関する基礎的・基本的な知識及び技能を身につけ，着用と手入れの仕方を工夫すること。

たとえば，生活の場面ごとに着がえている衣類をとりあげ，形や布に関心をもたせ，衣服のつくりやはたらきについて学ばせます。

●題材例：　なぜ衣服を着るのだろう（2時間）

- **どんなときにどんな衣服を着ているだろう**
  学校で体育をするときや給食のとき，家ですいみんをとるときにどんな衣服を着ているか話し合おう。
- **なぜいろいろな衣服を着るのだろう**
  生活場面や活動によって着ている衣服の形や布の特徴について話し合い，衣服を着る目的について考える。
- **衣服にはどんなはたらきがあるだろう**
  衣服を着る目的から衣服のはたらきをまとめる（保健衛生上，生活活動上）。
- **どんな着方をするとよいだろう**
  気温や季節に合った着方，衛生的な着方，活動に合った着方についていろいろな場面を設定して，着方の工夫を考える。

子どもたちは，気温や季節に合った着方や衛生的な着方，活動に合った着方が理解できたでしょうか？

●日常着の手入れとボタンつけ及び洗濯

衣服を大切に扱い，気持ちよく着るために，日常の手入れが必要であることを理解し，ボタンつけや洗濯が身だしなみのために必要であることに気づくようにします。

たとえば，洗濯をする計画を立て，衣服などの洗濯の実習をします。「消費生活・環境」の学習と関連させて洗剤や水を無駄にしない洗濯のしかたを工夫させる活動も考えられます。

● 題材例： 洗濯の実習をしよう（2時間）

衣服を洗濯する実習計画を立てよう
- 洗う前にどんな準備が必要か話し合う
- 家ではどんな工夫をしているか調べる
- 洗濯の手順を確かめる

衣服を洗濯しよう
- 身じたくをする
- 用具を準備する
- 洗剤液を作る
- 洗う
- しぼる
- すすぐ
- しぼる
- 干す
- あとしまつをする

洗濯をして思ったことや気づいたことをまとめよう
- 生活に生かすために，実習で気づいたことを発表し合う

● 洗濯実習時の教師の留意点
- 実習に適した洗濯物の準備
- 実習場所の確保（洗濯場，干し場）
- 物干し台の転倒防止
- 排水口の確認
- 洗剤・洗濯石けんの管理（湿気のない場所に，購入日・使用日を明記し整理・保管）

※手荒れをおこしやすい児童のために手ぶくろを用意する

● 布に合った洗剤を選ぶ

〔繊維名〕	〔洗剤〕	〔洗い方〕
綿	弱アルカリ	もみ洗い
毛	中性	押し洗い
ポリエステル	弱アルカリ	つかみ洗い
ナイロン	弱アルカリ	つけ置き洗い

Q. 「住生活」に関してはどのような題材を扱えばよいですか？

A. 「快適な住まい方」についての題材を扱います。

「住生活」の内容では，整理・整頓や清掃，季節の変化に合わせた住まい方に関する学習を通して，日常の住まい方への関心を高め，住まい方に関する基礎的・基本的な知識及び技能を身につけ，快適な住まい方を考え工夫する能力を育てることをねらいとしています。

具体的には，以下のような題材が考えられます。

快適な住まい方

●住まいの働き，季節の変化に合わせた住まい方，住まいの整理・整頓や清掃の仕方の工夫
健康・快適・安全などの視点から，身のまわりのものをかたづけたり清掃することによって，気持ちよく生活できることに気づき，身のまわりの整理・整頓の仕方や清掃の仕方がわかり，身のまわりを快適に整えようと主体的に考え工夫できるようにします。

たとえば，汚れに応じた掃除のしかたを調べ，学校のクリーン作戦を立て，計画表をもとに掃除をすることができます。

●題材例： クリーン作戦を立て，実行しよう（3時間）

学校のクリーン作戦を立てよう
- 汚れている所，よごれやすい所はどこか見つける
- 掃除の場所を決める
- 掃除の計画を立てる
- 掃除の仕方を考える
- 必要な用具

↓

用具をそろえて計画した場所の掃除をしよう

↓

家庭での掃除の実践計画を立てよう

> ●季節の変化に合わせた生活の大切さ，快適な住まい方
> 　主に暑さ寒さ，通風・換気，採光の仕方及び音に関する問題を見い出し，解決の方法を工夫します。さらに自然をできるだけ生かして住まうことの大切さなどを日本の伝統的な生活から学び，快適な住まい方に関心をもって工夫できるようにします。

　たとえば，教室の中で実際に温度や湿度を調べて，部屋を暖かくしたり，涼しくしたりする工夫を考える授業ができます。

●題材例：　家族が集まる部屋を暖かくする工夫（3時間）

学校の中で実際に調べてみよう
- 教室内の場所による日当たりと温度のちがい
- ろうかと教室の日当たりのちがい

実際に調べたことをもとに，みんなで考えてみよう
- 例
  - 直射日光が当たるときは？
  - 窓の開け閉めは？
  - 入り口のドアや北側の窓は？
  - 座席の決め方は？

インターネットを使って調べてみよう
- 例
  - 寒い地域の校舎や教室の工夫は？
  - わたしたちの地域のようすとの違いは？

調べたことや考えたことをわかりやすい方法でまとめよう
- 例
  - 表・グラフ・図にする
  - 写真やビデオを準備する
  - パネルを使って説明する
  - 劇にする

住に関しての実験題材はp.83に紹介されていますね。

Q. 「消費生活・環境」に関してはどのような題材を扱えばよいですか？

A. 次のような題材を扱います。衣食住や家族の学習と関連させて効果的に展開しましょう。

「消費生活・環境」では、持続可能な社会に向けて身近な生活における消費と環境の学習を通して、物や金銭の使い方への関心を高め、環境に配慮することの大切さに気づくとともに、物の選択、購入及び活用に関する基礎的・基本的な知識及び技能を身につけ、身近な消費生活や環境をよりよくしようと工夫する能力と実践的な態度を育てることをねらいとしています。自立した消費者を育成するという視点を大切に、子どもの気づきを促しましょう。

具体的には、以下のような題材が考えられます。

物や金銭の使い方と買い物

●**物や金銭の大切さ、計画的な使い方**
自分の生活とかかわらせて具体的に学習することにより、物や金銭の大切さを実感し、限りある物や金銭を生かして使う必要性や方法を知り、計画的な使い方を考えることができるようにします。

たとえば、ワークシートを使って、買い物シミュレーションをすることができます。

●**使用教材の例　ワークシート（買い物シミュレーション）**

> ●身近な物の選び方，買い方
> 　購入しようとする物の品質や価格などの情報を集めることを通して，物の選び方や買い方を考え，目的に合った品質のよいものを選んで適切に購入できるようにします。

　たとえば，自分の買い物についてふり返り，身近な物についての課題を見出し，計画的な買い物について考える授業に取り組みましょう。

● 題材例：　お金の使い方を考えよう（2時間）

自分の買い物について見直す	家庭生活とお金との関係を話し合う	計画的な買い物について知り，計画を立てる
・調理や製作の材料 ・文房具や学用品 ・菓子や飲み物 ・成功例や失敗例，その理由を話し合う	・生活に必要なお金 ・収入を得る家族 ・生活を支える家族 ・お金の大切さ	・計画の立て方 ・品物の選び方 ・支払い方といろいろな買い方

環境に配慮した生活

> ●身近な環境とのかかわり，物の使い方の工夫
> 　自分の生活が環境から影響を受けたり，自分が環境に影響を及ぼしていることに気づかせることが重要です。そして，環境に配慮した生活を工夫するための基礎的・基本的な知識及び技能を身につけ，実践する態度を育てます。

　たとえば，自分の持ち物を調べて，身のまわりの物の使い方を見直す授業ができます。「生活を豊かにするための布を用いた製作」の布の扱い方の学習と関連させて，効果的に学習を展開することも考えられます。環境にできるだけ負荷を与えないためにどのようなことに気をつけたらよいのか考えさせ，物を大切にする心情を育む効果も期待できます。

● 題材例：　物の使い方を見直そう（2時間）

自分の持ち物を調べて，その使い方などについて発表する	物と資源との関連について考える
・学用品，えんぴつ，カラーペン，消しゴム，下敷きなど ・購入理由	・衣服の一生 ・給食の食べ残し

持ち物を見直し，問題点を話し合う	物の使い方や買い方についてこれからの生活に生かすことを考え，発表する
・使用頻度 ・不用品 ・整理・整頓	・使い方や保管のしかた ・不用品の再利用 ・計画的な買い方

Q. 指導を効果的に行うために実験を取り入れた題材を教えてください。

A. 住まい方・衣服の着方・ごはんの簡単にできる実験を紹介します。

●手作りの実験道具を使った通風・換気の実験

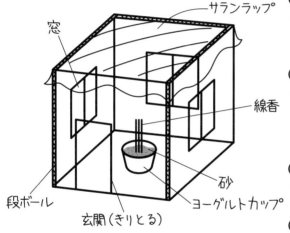

(材料)
・段ボール，段ボールカッター，セロハン（またはサランラップ），線香（または蚊取り線香），砂，ヨーグルトカップ，マッチ，うちわなど

(実験方法)
・段ボールで，窓の位置や大きさ，玄関などを考えて簡単な部屋の模型を作る。真ん中に，砂を入れたカップに線香を立てて置く。線香の煙の流れを，窓を閉めたとき，開けたときなど，風の通り道の実験を行う。

(学習のしかた)
・窓を閉めたとき，1つの窓のとき，2つの窓を開けたときなどの予想をたて，調べていく。

(結果)
窓を閉めていると，煙は上に行き，下に降りて煙が箱の中で，渦巻いている。風の通り道ができると，線香の煙が，外に逃げていくことがわかる。

●学校の光と風と暖かさを調べる実験

学校の明るさ・室温・湿度・風通しについて器具を使って調べる実験です。

(用具)
照度計，温度計，湿度計，風船

(実験方法)
学校内の1階から3階まで，教室の中や廊下で，明るさ・室温・湿度・風通しについてグループで調べ，ワークシートに記入する。
調べ方は，まずは体感したことを記入し，その後，器具を使って調べる。
快適な明るさ，温度・湿度などについて知り，快適と感じた場所の風通し，温度，照度をワークシートに記入する。

衣服の着方

●気温や季節にあった着方の実験

①着方による温度変化の差を確かめる

(用具・材料)
- 同じ大きさのペットボトル2本
- 布　1重巻き用(10cm×25cmくらい)
　　　5重巻き用(10cm×110cmくらい)
- 60℃の湯
- 温度計　2本
- 発泡スチロール板

(実験方法)
- 2つのペットボトルそれぞれに，布を1重と5重に巻く。
- ペットボトルに60℃のお湯を入れ，発泡スチロール板の上に置く。
- 10分後・20分後の温度を計る。

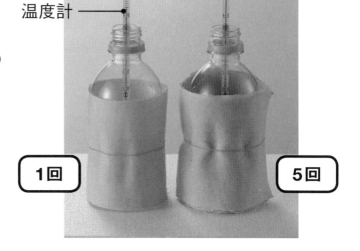

(結果)
1重巻きのほうが，速く温度が下がってくる。
※暖かい教室の場合は差がでにくいので，実験の場所を工夫する。

②湿気の吸いやすさを調べる

(材料) ビニール袋2枚，綿の手袋，輪ゴム

(実験方法)
- 片方だけに綿の手袋をして，両手をビニール袋で包む。
- 10分後のビニール袋のようすや，皮膚の感じを比べる。

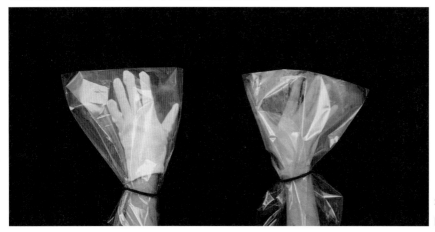

右手と左手を使い，同じ人で実験するとよい。

(結果)
綿の手袋をしていないほうのビニール袋に，水滴が少しついてくもってくる。

ごはんの実験

●吸水実験・水の量・蒸らす場合と蒸らさない場合の実験

① 吸水実験
(用具・材料)米1合(180mL)分を2つ用意,透明ななべ(パイレックスなど)2つ,計量カップ
○吸水を30分の「米」と,「洗った直後の米」をたき,食べて比べる。

② 水の量
(用具・材料)米1合(180mL)分を2つ用意,透明ななべ(パイレックスなど)2つ,計量カップ
○水の量を米の体積の1.2倍にしたものと,米と同じ量の水にしてたいたものを食べて比べる。

③ 米を蒸らした場合と蒸らさない場合
(用具・材料)米1合(180mL)分を2つ用意,透明ななべ(パイレックスなど)2つ,計量カップ,しゃもじ,ふきん
○たきあがったごはんを15分以上蒸らした場合と,蒸らさない場合を食べて比べる。

④ 火加減(昔の知恵から　はじめちょろちょろ　なかぱっぱ　赤子泣くまでふたとるな)
(用具・材料)米1合(180mL)分を2つ用意,透明ななべ(パイレックスなど)2つ,計量カップ
○昔の知恵を参考にして,ごはんをたく場合と,ずっと中火でたく場合などを比べてみる。

⑤ 米を洗う(とぐ)回数
(用具・材料)米1合(180mL)分を2つ用意,透明ななべ(パイレックスなど)2つ,計量カップ
○よく洗う(回数が多い,とぎじるが透明になるまで)場合と,1回も洗わない場合を比べてみる。

学習カード見本

おいしいごはんのたき方を考えよう	年　組　名前

○おいしいごはんのたき方について,課題を決め,調べよう

課題	
調べ方(方法・用具など)	調べてわかったこと
	自分の家で生かしたいこと

家庭科指導Q&A

Q. 学習したことを家庭実践につなげるにはどうすればよいですか？

A. 子どもたちの意欲の喚起をはかるとともに，家庭実践する時間の確保も大事です。

■子どもたちの意欲を高めよう

まず，自分の家庭を見つめることからはじめます。各題材の導入で，自分の家庭ではどうやって行っているか，どういう状態になっているかを見つめることで，どうしたらよりよくなるか，「わたしは○○を作ってみたい」，「○○をやってみたい」というように，自分の課題にまで高めていくようにします。

見つめる → 学習する → 実践する

よくほめることも大事です。

■家庭実践する時間の確保

家庭実践する時間の保証が必要です。製作の場合は，できあがったものを使う時間も。調理の場合は，家で休日や長期休暇のときなどに作れるように時間を確保してもらいます。そのためには保護者の理解と協力が必要です。

■実践報告も必要

実習後の家庭科の授業で，家庭実践した様子について伝え合う時間を少しでも取ったり，教室などに掲示コーナーを設けて友だちに紹介できるようにしましょう。実践カードなどを作成して用意しておくとよいでしょう。

実践カードは，いつでも利用しやすいように家庭科室の一隅に常備しておきます。

Q. 家庭と協力をするにはどうすればよいですか？

A. 各家庭との連絡を日常的に行い，家庭科への理解を深めてもらいます。

　各家庭には，日常的に学級(学年)だより・家庭科だよりや授業参観，懇談会等で，家庭科の目標や内容について知らせておきます。そして，学校で学習したことを，自分の家庭や家族のために生かして実践することが，生きる力の育成につながることを理解してもらいます。

　学級担任の場合は，各家庭の方針や環境などの面で，プライバシーへの配慮が必要である子どもには，大きな負担にならないように課題が見つけられるよう，支援していきます。

　家庭科専科の場合は，学級担任との連絡・連携を密にして，配慮した指導をしていきます。

●保護者へのお知らせのしかた

　高学年といえども，自分のことを自分ですべてできる子どもばかりとは限りません。授業中に話したことをしっかりと頭にいれておいてほしいと願いつつ，次時の予告とともに「持ち物」を説明したはずなのに…いざ，当日になると，「先生，○○忘れました」の報告。授業を効果的に行うためにも，早めのお知らせで万全の備えをしましょう。

●保護者の興味を喚起するような紙面づくりを

　「家庭科通信」「家庭科だより」等を，月に一度，学期に一度発行しましょう。「お願い」ばかりではなく，家庭科学習の様子等を中心に紙面を構成すると，保護者に，より興味をもっていただけるのではないでしょうか。また，「学年便り」にコーナーをもたせてもらうこともできます。月の初めの発行が多いようですので，余裕をもって，準備するものを知らせ，期日を明らかにしておきましょう。

「家庭科だより」の例

```
保護者の皆様へ                              ○年4月
                                      ○○○○小学校
                                          △△△△

                家庭科学習について

　5年生への進級おめでとうございます。
　今までの学習を基礎に新しい学習「家庭科」がはじまります。どうぞ，よろしくお願いします。
　子どもたちが，「やってみよう」「できた！」「なるほど」と言うことがたくさんつまった授業にしていきます。
　週に一度しかない授業です。持ち物を忘れずにやる気で臨んでほしいと思います。
```

Q. 夏休みや冬休みの課題は何を出せばよいですか？

A. 夏休みや冬休みの直前直後の学習につながるよう工夫します。具体的には以下のような題材があります。

　年間指導計画の作成時に，長期休暇に取り組むことも考慮した，題材の配列を工夫します。たとえば，

・夏休み前に，ミシンの使い方を学習する題材を入れ，身の回りの小物など，ミシンを使って製作する課題。
・学習で用いた「実践カード」を使って家庭実践する。
・冬休み(または夏休み)前に，清掃，整理・整頓の題材を入れることで，冬休み中(または夏休み中)の大そうじに生かすことができる。休みが終わったあとに見直す。
・夏休みや冬休みの直後に製作題材を入れ，何を製作したら生活の役に立つか，自分の家庭生活を見つめる。

などが工夫できるでしょう。具体的には以下のような題材が考えられます。

5年生の夏休み

　はじめて学習するようになった家庭科は，学習した後に家庭生活に生かし，実践することをねらいとしています。そこで，1学期に学習したことを家庭実践する機会を作りましょう。
　夏休みは，家族と過ごす時間が増えるので，楽しみながら自分から進んで調理や小物作りに取り組ませ，達成感を味わえるようにしたいですね。

オープンサンドイッチを作って食事を楽しむ

材料
野菜（トマト，きゅうり，レタスなど），
ハム，チーズ，フランスパン，バター

作り方
1　野菜やチーズを切る。
2　パンをうすく切る。
3　パンの切り口にバターをぬって，野菜やハム，チーズをのせる。

5年生の冬休み

　2学期に学習したことを生かして冬休みに家庭で実践したいことを計画しましょう。たとえば，直線縫いでエプロンを作り，家庭で大掃除のときに活用するのもいいですね。

エプロンを作って家庭の仕事で使う

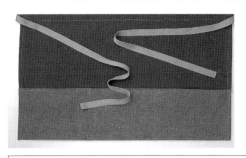

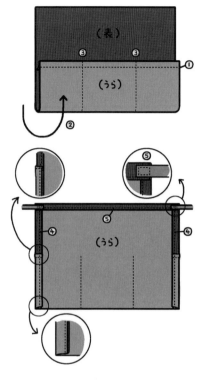

材料
- 綿の布（たて80cm×よこ90cmくらい）
  ※紙でためして，ちょうどよい大きさを調べるとよい。
- 平ひも（2cmはば150cmくらい）
- 糸

作り方
1. ポケット口を表側に2cm折って縫う。
2. 表側に20cmくらい折り上げてポケットにする。
3. ポケットの仕切りを縫う。
4. 両わきを縫う。
5. 上辺を縫い，平ひもを縫いつける

6年生の夏休み

　夏休みに家庭で実践できる機会があるとよいです。たとえば，食事作りでは，「ゆでる」「いためる」を応用できます。材料の買い物から準備したり，もりつけやテーブルセッティングも楽しんで工夫してほしいですね。

冷やし中華を作って昼食にする

材料（1人分のめやす）

中華めん……1玉	さとう
ハム	ごま油
たまご	中華スープのもと
きゅうり	水
たれ	
しょうゆ	
す	

作り方
1. 具を準備する。
2. めんをゆで，皿にもる。
3. 具をきれいにもりつける。
4. 食べる直前にたれをかける。

※冷やし中華のたれを使ってもよい。

6年生の冬休み

これまでの学習を生かして、やりたいことにチャレンジさせましょう。計画したことを冬休みに実践し、作品として残したり、紙面にまとめたりさせるのもよいですね。たとえば、正月の「ぞうに」は、家庭や地域によっていろいろ工夫されているので、本で調べたり家族への聞き取り調査をしたりできます。

正月の「ぞうに」を調べてみる

★家ではどんなぞうにを食べているのだろう。

調べるポイント
・もちの形
・味のつけ方
・実の種類　など

ふたつき小物入れを作ってプレゼントにする

（たて10cm、横12cmのとき）

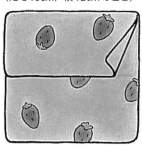
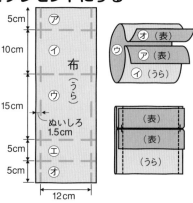

これからの家庭生活と社会

2年間の家庭科の学習を通して、子どもたちは生活についてのいろいろなことを知ったり、考えたり、できるようになったりしました。最後の家庭科の授業では、家庭生活や地域での課題の変化の様子から何が原因になっているか考えさせましょう。家庭科で学習して、できるようになったこと、家庭生活で実践していることを発表させ、これからの家庭生活でどのような工夫ができるか話し合わせましょう。

子どもたちはこれから中学生になり、さらに生活についての学習を深めます。これからの生活のしかたについて考えさせ、春休みの家庭・地域での実践計画を立てさせましょう。

★わたしの実践

ごみを減らすくふうをしよう

・物を買うときは買う前に本当に必要なものか、確かめてから買うようにしよう。
・物を大切にしてごみを出さないようにしよう。
・まだ使えるものは人にゆずったり作りかえたり、リサイクルしよう。
・食べられる量だけ作り、残さないようにしよう。

家庭科の基礎知識

基本1 家庭科で使う用具をそろえよう

調理編

はかる

はかり
目的に合った秤量（最大はかれる量）と感量（最小はかれる量）のはかりを選ぶ。

計量カップ，計量スプーン
液体や少量の粉末などは容量ではかることが多い。そのための道具には計量カップ，計量スプーンがある。

知っておくと便利！およその重さ (単位　g)

食品＼計量器	計量カップ (200mL)	計量スプーン 大さじ (15mL)	計量スプーン 小さじ (5mL)
水・す	200	15	5
油	180	12	4
しょうゆ	230	18	6
上白糖	130	9	3
食塩	240	18	6
小麦粉	110	9	3
米（精白米）	170	−	−
みそ	230	18	6

洗う

ふきん
食器用ふきん，調理器具用ふきん，調理台や机，ガスこんろをふく台ふきんを区別して使うとよい。

スポンジ・たわし
洗いやすく，器物に傷をつけず，汚れが落ちやすく，水切れがよく，熱に強いものがよい。

ざる
調理材料の水気を切ったり，さっと湯を通すなど，さまざまな用途で使われる。

洗いおけ
洗いおけは，肉皿(23cm)が入る，直径26〜30cm，高さ12cmくらいのものが使いやすい。

水切りかご
食器を洗った後，一時的に置き，水気を切る。

切る

ほうちょう
子どもの手は小さいので，刃渡りは大人用(18cmのもの)より小さいほうが手になじみやすい。

まな板
水に強く，汚れがつきにくく，ほうちょうが刃こぼれしない程度に硬いものがよい。

ピーラー
野菜の皮をむく器具。ステンレスやセラミック製の刃でさびにくく作ってある。

加熱する

なべ
調理素材をゆでたり煮たりするための道具で、両手なべや片手なべなどがある。

フライパン
いためる、焼くなどの調理法で用いるなべの一種。

フライ返し
調理中の食材を裏返したり混ぜたりする調理器具。

菜ばし
もりつけやなべ料理のとき、揚げるときなどに使う箸。

混ぜる・盛り付ける

ボウル、バット
ボウルは材料を混ぜたり、練ったり、泡立てるときに用いる。バットは調理直前の調理材料を入れたり、冷蔵庫で保存するときに用いる。

泡立て器
色々な材料を泡立てたり、混ぜ合わせるときに使用する調理器具。ボウルの直径とほぼ同じくらいの長さが使用しやすい。

玉じゃくし、穴じゃくし
しる気のある料理や、しるものをすくうしゃくし。「穴じゃくし」は具をすくうもの。

かたづける

三角コーナー
生ごみ入れは水切りのよいものを選ぶ。

製 作 編

はかる

まきじゃく
曲がっているものの長さをはかる。

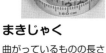

ものさし
平らなものの長さをはかる。

しるしをつける

チャコえんぴつ
えんぴつのように持って、布上にしるしの線を書くことができる。

へら
布をこすって、てかりとしわをつけるので、表裏両面からしるしがみえる。

切る

裁ちばさみ
布を切るときに使う。紙を切ると布が切れにくくなる。

糸切りばさみ
糸を切るときに使う。

リッパー
ボタン穴を開けたり、縫い目をほどくときに使う。

縫う

手縫い針、ミシン針
手縫い糸は短針(3〜4cm)、あるいは長針(5cmくらい)が使われる。

まち針
型紙を布にとめたり布と布の仮どめをする針。

針さし
縫い針やまち針をさしておく。

手縫い糸、ミシン糸
縫い糸は布と同素材を用いる。縫い目が目立たないような色を選択する。

指ぬき
針を布にさすとき押す役目をする。

基本 2 　五大栄養素とそのはたらき

人が生命を維持したり，成長するために必要な成分を栄養素といいます。食品に含まれる栄養素のうち，炭水化物，たんぱく質，脂質，無機質，ビタミンが五大栄養素とよばれています。それらは相互に関連をもちながら健康の維持や成長に役立っています。

それぞれの栄養素が，どの食品に多く含まれているかを学習するとともに，どの食品も一つの栄養素だけでなくいくつかの栄養素を含むことも確認します。たとえば，肉や魚はたんぱく質のほかに脂質を多く含み，米は炭水化物のほかに，たんぱく質なども含んでいます。

たんぱく質

筋肉，血液，内臓，皮ふ，毛髪など，体の組織をつくるもとになる。
動物性たんぱく質には，人体に必要なアミノ酸がバランスよく含まれている。
エネルギー源としても利用される。

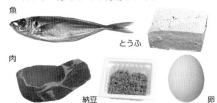
魚　とうふ　肉　納豆　卵

炭水化物

炭水化物とは糖質と食物繊維の総称。
糖質は，主要なエネルギー源で，速効性がある。脳，赤血球，神経系，筋肉等はぶどう糖だけをエネルギー源としていて，思考力への影響が大きい。

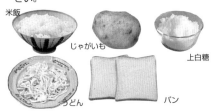
米飯　じゃがいも　上白糖　うどん　パン

脂質

エネルギー源として使われる。
細胞膜の成分となるなど，体の組織をつくる。
皮下脂肪にたくわえられて体温を保つはたらきをする。

マヨネーズ　油　バター，マーガリン

無機質

骨や歯の成分になるほか，生理機能の調節に重要な役割を果たしている。日本人に不足しがちな無機質はカルシウムと鉄で，カルシウムが不足すると成長が妨げられ，鉄の不足は貧血の原因になる。

チーズ　しらす干し　牛乳　のり　煮干し

ビタミン

ビタミンは体内の種々の機能の調節に必要で，成長を促し健康を維持するために欠くことのできない栄養素で，体内では合成されないか，合成量が少ないため，外部より摂取しなければならない。

こまつな　にんじん　いちご　かぼちゃ　キャベツ

食品に含まれる主な栄養素と体内での主なはたらき

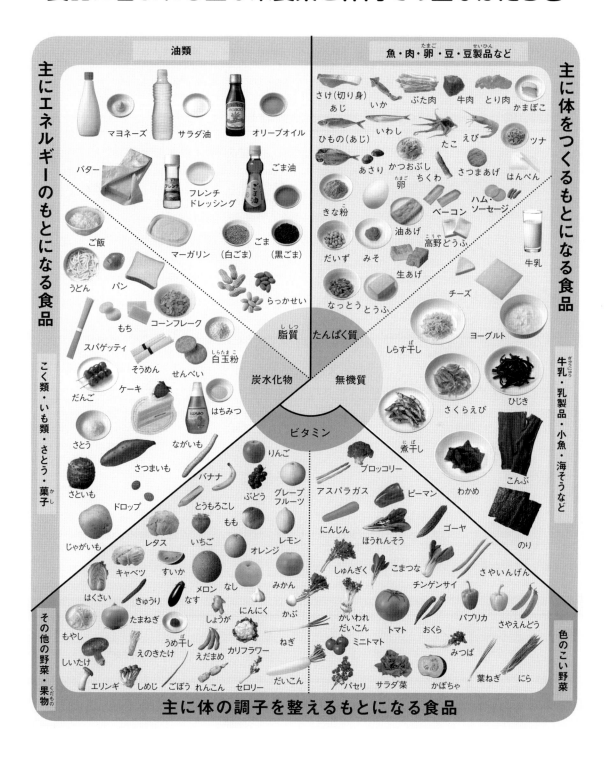

基本3　食品の選び方

野菜の旬と選び方　旬の時期に食べる野菜はおいしく，栄養価も高いです。衛生にも気をつけて，安全な野菜を選びましょう。また，旬の野菜を多く用いることは，エネルギー消費の面からも有効です。住んでいる地域でとれる野菜を利用する（地産地消）ようにしましょう。

春野菜

春キャベツ
外の葉がみずみずしく，黄ばみがないもの。芯の切り口が黒ずんでいないもの。

アスパラガス
穂先が固くしまっているもの。茎が太く，まっすぐなもの。

さやえんどう
緑色が鮮やかで，はりがあり，豆が小さく，折ると音のするようなものがよい。

他に，うど，さやえんどう，そらまめ，たけのこ，ふきなど

夏野菜

トマト
全体に赤く，身がしまっているもの。へたが新鮮で緑色のもの。

きゅうり
皮が濃い緑色ではりがあるもの。いぼがとがっているもの。

ピーマン
色が濃くて，はり，つやがあるもの。へたがぴんとしていてみずみずしいもの。

他に，いんげん，えだまめ，おくら，とうもろこし，なす，レタスなど

秋野菜

じゃがいも
表皮につやとはりがあり，なめらかなもの。傷がないもの。芽が出ていないもの。

ブロッコリー
穂先が固くしまっているもの。緑色が濃いもの。

ごぼう
茎が固く，太すぎないもの，ひげ根やこぶのないもの，泥つきで湿りがあるものがよい。

他に，かぼちゃ，カリフラワーなど

冬野菜

はくさい
重く，葉がしっかりと巻いているもの。白い部分に黒い点がないもの。

ほうれん草
葉先がぴんとはっていて，鮮やかな緑色。茎が太く，長いものは育ちすぎている。

だいこん
重みがあって，葉が緑色のもの。黄ばんでいないもの。

他に，れんこん，ねぎ，しゅんぎくなど

食品のマークと表示

安全で充実した食生活をおくるためには，食品の購入にあたって，鮮度や品質を見きわめる必要があります。消費期限や賞味期限，原産地，原材料などの情報は食品衛生法やJAS法による表示から知ることができます。また，近年アレルギー物質を含む食品が原因で健康を害する人が増えています。これを防ぐために，加工食品には重いアレルギー症状を起こしやすい食品の表示が義務づけられています。食品を購入する際にはこれらの表示を確認して，総合的に判断しましょう。

食品や容器包装のマーク

国や自治体が定める基準に適合する食品には，マークをつけることができます。

 特定保健用食品マーク
体調を整えるはたらきのある食品

 アルミ・スチール缶材質表示マーク
（飲料缶）

 特別用途食品マーク
高齢者や妊婦用など特別な用途に適する食品

 ペットボトル識別表示マーク

 JASマーク
JAS規格に適合した農・林・畜・水産物およびその加工食品

 紙製容器包装識別表示マーク

 有機JASマーク
農薬や化学肥料を原則使用していない農産物

 プラスチック製容器包装識別表示マーク

 生産情報公表JASマーク
「食卓から農場まで」の生産情報がある農畜産物

加工食品の表示

加工食品の表示は図のように示されています。表示の意味を知って食品の選択に生かしましょう。

- 名称：商品名ではなく，食品名が書かれています
- 食品原料名，食品添加物の順で，それぞれ量の多い順に書かれています
- 食品添加物
- アレルギー物質，遺伝子組み換え食品などの表示
- ほかに，内容量，賞味（消費）期限，保存方法，製造者の所在地が表示されます

```
名　　称  カレー
原材料名  野菜（じゃがいも，にんじん）、牛
　　　　　肉、小麦粉、豚脂、ソテーオニオン、砂糖、
　　　　　りんごペースト、牛脂、カレーパウダー、
　　　　　食塩、トマトペースト、香辛料、酵母エキス、
　　　　　チキンエキス、バターミルクパウダー、
　　　　　ココナッツ、ヨーグルト、調味料（アミノ
　　　　　酸等）、カラメル色素、香辛料抽出物、酸
　　　　　味料、（原材料の一部に大豆を含む）
殺菌方法  気密性容器に密封し、加圧加熱殺菌
内 容 量  210g
賞味期限  欄外下に別記
販 売 者
```
（食品原料名）

家庭科の基礎知識

基本 4 ｜ ほうちょうの使い方

各部の名称とふさわしい使い方

- みね
- 柄（え）
- 裂く
- 刃
- 輪切り／みじん切り／せん切り
- 芽をえぐる

姿勢

体を斜めにします。左手とまな板は平行にします。

持ち方

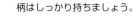

人差し指をみねにおきましょう。

柄はしっかり持ちましょう。

左手はねこの手にしましょう。

皮をむく
右手を動かすのではなく，左手で材料を右に回し，むけた皮を右手の親指で送ります。

芽をとる
根元の角で，ジャガイモの芽などをえぐり取ります。

葉の芯をとる
裏返して，芯の周囲にほうちょうの刃先を入れます。そこに親指を入れて葉を一枚ずつはがします。

ポイント

どんなほうちょうを選ぶ？

ほうちょうの選び方
・軽くて握りやすいもの
・刃渡りは握りこぶし2つ分。（大きすぎるほうちょうは扱いにくい）
・両刃とぎがしてあるもの。

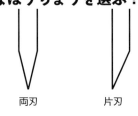

両刃　片刃

片刃の場合，まっすぐに切ることが難しい。

注意
　よく切れるほうちょうも選ぶときの目安になりますが，セラミック製のものは触れると簡単にけがしてしまう危険があります。

材料の切り方（にんじんの例）　同じ材料でも目的に応じていろいろな切り方があります。

いちょう切り
4等分してから切る（輪切りの1/4の形）
→けんちんじるに

らん切り
切るたびににんじんを反転する
→にものに

半月切り
丸い形のものを半分にしておいてから切る
→つけものに

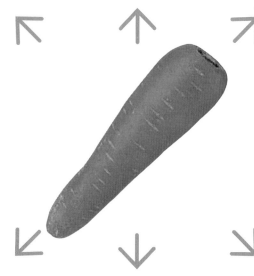

さいの目切り
→ミックスベジタブルに

せん切り
うす切りにして重ね，はしから細く切る。
→サラダに

たんざく切り
太めに切ればスティックに
→油いために

基本 5 ｜ 製作実習の基本

いろいろなさいほう用具の正しい使い方を知って大切に使いましょう。

はかる

●ものさしの使い方
ものさしは，はしまで目もりがついているものを選ぶようにする。

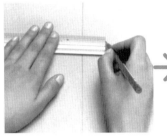
手でしっかりおさえて，布がゆがまないようにする。

線を引くときは，目もりのついていないほうを使う。

●まきじゃくの使い方
まきじゃくは，平行にして，0の位置に目もりを合わせて読む。

しるしをつける

●チャコえんぴつの使い方

布地1枚だけにしるしをつける場合に用いる。しるしが目立つような色のチャコえんぴつを選ぶ。

●へらの使い方

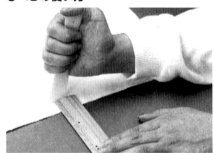
綿などのしわがつきやすい布のしるしつけに用いる。強くおし過ぎて布を傷めないようにする。

●ルレットの使い方

布用両面複写紙（チャコペーパー）で，布地2枚を重ねて，しるしをつけるときに使う。布の間にチャコペーパーをはさんで使うので，布の表面を外側にして重ねる。

切る

●糸切りばさみの使い方

手縫いやミシン縫いの，糸を切るときに使う。おもに刃の先を使うので，かみ合わせのよいものを選ぶようにする。

●裁ちばさみ

布と型紙が動かないように片方の手でしっかり押さえ，はさみの下側を台につけて，切る。

●ピンキングばさみ

フェルトなど，ほつれにくい布の飾りや裁ち目のしまつに使用する。

縫う

●なみ縫い
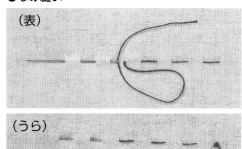
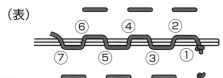

●本返し縫い

前のぬい目まで戻ります。

●かがり縫い
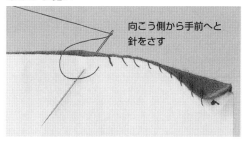
向こう側から手前へと針をさす

2枚の布の回りを縫い合わせる方法の一つ。ししゅう糸や太い糸，色糸などでかがるとアクセントになり飾りとしても楽しめる。布の裁ち目がほつれないようにとめるときにも使う。

●半返し縫い
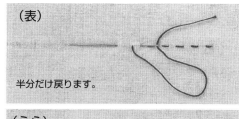
半分だけ戻ります。
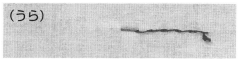
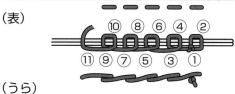

基本 6 ミシンのトラブルと対策

〈トラブル〉 縫い目が曲がる

適切な縫い目

上糸側の縫い目

下糸側の縫い目

〈確認・対策〉
- 押さえを下げて縫っていますか？
  押さえを下げないと，布が進みません。強引に手で引っ張って縫うと，写真のように曲がってしまいます。縫い目の糸調子も整いません。
  必ず押さえを下げて縫うことと，ミシンは手で布を送らなくても自然に進むことを理解させましょう。

（右図ラベル：上糸糸案内／糸巻き糸案内／おさえ）

〈トラブル〉 針が折れる

〈確認・対策〉
- 布を手前に引っ張りながら縫っていませんか？
  ミシンのスピードについていけずに，思わず布を引いてしまうことで，ミシン針が曲がって針板に当たって折れることがあります。
  から縫い練習で，コントローラーを踏む強さとスピードに慣れるようにしましょう。50cm位の長めの布を練習布にするとよいでしょう。
- 布の厚さにミシン針の太さは合っていますか？
  デニムやキルティングのような厚い布を縫うときは，14番のミシン針を使います。ブロードやギンガムのような中程度の厚さの布を縫うときは11番のミシン針を使います。

〈トラブル〉 糸調子が合わない

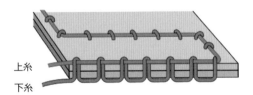
上糸／下糸
下糸がゆるく，上糸がつっている

〈確認・対策〉
- ボビンの糸をかまのみぞにかけていますか？
  縫っている途中で外れることもあるので，指でボビンを押さえながらしっかりみぞに入れましょう。

〈トラブル〉 針が同じ所を刺していて，布が進まない

〈確認・対策〉
- 送り調節ダイアルが「0」になっていませんか？
  送り調節ダイアルの目盛りの数字は，中程度の厚さの布を縫ったときの縫い目のおよその大きさ(mm)を示します。
  「0」の目盛りのときは，針は動きません。
  中程度の布では「2～2.5」，厚い布では「2.5～3」に合わせます。

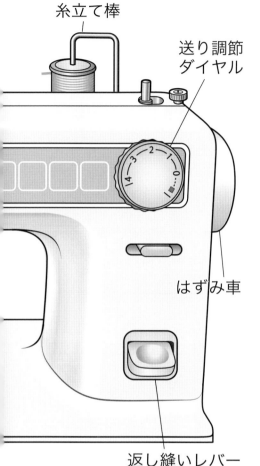

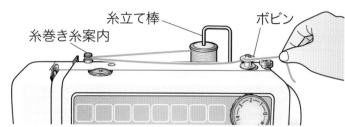

〈トラブル〉 **下糸がきれいに巻けない**

正しく巻けている

斜めに巻けてしまう

バラバラに巻けてしまう

〈確認・対策〉
- 糸巻き糸案内に糸が掛かっていますか？
　上糸糸案内に掛けていると，斜めに巻けてしまうことがあります。また，糸案内に掛けずに糸立て棒から直接ボビンに糸を巻くと，バラバラに巻けてしまうことがあります。

〈トラブル〉 **けが**

〈確認・対策〉
- ポータブルミシンのふたの留め具はしっかりしまっていますか？
　コントローラーのコードがふたに挟まるなどして，しっかりしまっていないことがあります。運ぶ途中でミシンが足に落ちると大けがをします。ミシンの後しまつのときに留め具を確認することと，ミシンを運ぶときはミシン本体の下に手をいれるようにします。
- 縫っているときに，布を押さえる手が針棒から10cmくらい，離れていますか？
　ミシン針の近くで布を押さえようとして，手を縫ってしまうことがあります。ミシンは手で布を送らなくても進むこと，しつけをして縫うと布がずれないことをしっかり理解させましょう。

〈トラブル〉 **返し縫いレバーを押しても返し縫いができない**

〈確認・対策〉
- 返し縫いレバーは故障しやすい部分です。修理を依頼しましょう。
- レバーを使わないで，布の方向をかえて返し縫いをする方法を指導しましょう。

家庭科の基礎知識

基本 7　知っていると便利な用語

調理編

あく抜き
ゆでる，水や酢水にさらす，などの方法であくを除くこと。この場合の「あく」は野菜の渋みやえぐみのことをいう。

あくをとる
この場合の「あく」はだしをとるときや煮物をするとき，沸騰し始めると表面に浮かんでくる細かい泡のことで，「あくをとる」とはこの泡をすくい取ることをいう。泡が浮いてきたら，火を弱め，沸騰させないようにしてすくう。

おひつ
めしびつ（飯櫃）。木製のおけで蓋がある。保温性のある炊飯器が一般化されるまでは，お釜でたき上がったご飯をおひつに移しておいた。木製なので，保温性があり，余分な水分を吸うのでご飯のおいしさを保つ。

隠しぼうちょう
大根などを煮るときに，片側から切り込みを入れて加熱すると味を早くしみ込ませる効果がある。切り込みがあるほうを下にしてもりつけ，見えないようにするので「隠しぼうちょう」という。切り込みは材料の厚さの2/3程度がよい。

くぐらせる
材料を熱湯や水，高温の油に入れ，すぐに引き上げること。熱湯にくぐらせることを湯通し，油の場合は油通しするともいう。湯をくぐらせると，あく抜き，殺菌，口当たりをよくするなどの効果がある。

米を研ぐ
米を水中でこすってぬかを洗い流すこと。米の研ぎ汁を植物の水やりに使うなど，環境に配慮した工夫ができる。

少々
ごく少量で計量スプーンではかれる最小の量（小さじ1/4）より少ないくらい。ごく少量で，はかるまでもない量を示す。

ひとつまみ
少々と同様に計量スプーンなどではかるまでもないぐらい少量。親指と人さし指の2本の指先で自然につまんだくらいの量を示す。

回し入れる
なべに調味料，とき卵などの液体を一か所に固まって入らないように，なべ肌にそって円を描くように入れること。

ゆがく
野菜などのあくを抜くためにさっとゆでたり，熱湯に浸したりすること。しゃぶしゃぶのような感覚でゆでる。

なじみのない言葉でも，意味を知ると，日常行っていることだったりします。用語として覚えておきましょう。

製　作　編

合いじるし
2枚以上の布を合わせて縫うときに，ずれないようにつけるしるし。しるしは鮮明につくものが望ましいので，チャコペンシルやチャコペーパー，へらなどのしるしつけ用具を使うが，縫いしろに切り込みを入れる切りじつけをすることもある。

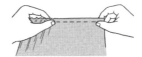

糸こき
布から針を抜いた後，縫い始めのほうから，親指と人さし指で布をしごくようにして，しわを伸ばすこと。

しつけ
ミシンなどで縫う前に，布がずれないように仮に縫うこと。これを「しつけをかける」という。しつけ糸を用い，粗めのなみ縫いで縫う。

まち針をうつ
まち針とは，布がずれないようにとめておく，穴のない針のこと。「まち針をとめる」と，「まち針をうつ」は同じ意味。まち針は，縫っているときに抜け落ちたり手に刺さったりしないよう，縫い目に対して直角に，手前から向こう側に刺すようにする。

縫いしろ
布と布を縫い合わせるときに必要な余裕分で，でき上がり線につけ足す。紙を糊付けするときののりしろと同じ役割である。縫いしろはほつれるので，布端をかがり縫いをしたり，ピンキングばさみで切るなどのしまつをするとよい。

布の耳
布の端のほつれない部分のこと。布の表裏がわかりにくい場合，布の耳に文字が書いてあるほうが表になっていることが多い。

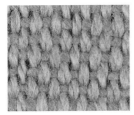

布目
たて糸とよこ糸の織り目のこと。「布目が正しい」というのはたて糸とよこ糸が直交するように織られていることを示す。

布を裁つ
布を切ること。紙切り用のはさみとは区別して使う。紙を切ると刃が摩耗し，裁ちばさみは布の切れ味が悪くなる。

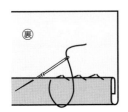

まつり縫い
袖口や裾などの布端がほつれないようにしまつする方法。縫い方には，普通まつり，流しまつり，奥まつりなど種類がある。

三つ折り
布はしの折り方で，まずできあがり線に沿って折り，次に折はしを半分に折る（中折り）。中折りは0.5〜1cm折る場合と，できあがりと同じ幅に折る場合がある。

家庭科の基礎知識

参考資料

中学校技術・家庭科　学習指導要領（平成29年3月31日告示）

第1　目標

生活の営みに係る見方・考え方や技術の見方・考え方を働かせ，生活や技術に関する実践的・体験的な活動を通して，よりよい生活の実現や持続可能な社会の構築に向けて，生活を工夫し創造する資質・能力を次のとおり育成することを目指す。

(1) 生活と技術についての基礎的な理解を図るとともに，それらに係る技能を身に付けるようにする。
(2) 生活や社会の中から問題を見いだして課題を設定し，解決策を構想し，実践を評価・改善し，表現するなど，課題を解決する力を養う。
(3) よりよい生活の実現や持続可能な社会の構築に向けて，生活を工夫し創造しようとする実践的な態度を養う。

第2　各分野の目標及び内容

[家庭分野]

1　目標

生活の営みに係る見方・考え方を働かせ，衣食住などに関する実践的・体験的な活動を通して，よりよい生活の実現に向けて，生活を工夫し創造する資質・能力を次のとおり育成することを目指す。

(1) 家族・家庭の機能について理解を深め，家族・家庭，衣食住，消費や環境などについて，生活の自立に必要な基礎的な理解を図るとともに，それらに係る技能を身に付けるようにする。
(2) 家族・家庭や地域における生活の中から問題を見いだして課題を設定し，解決策を構想し，実践を評価・改善し，考察したことを論理的に表現するなど，これからの生活を展望して課題を解決する力を養う。
(3) 自分と家族，家庭生活と地域との関わりを考え，家族や地域の人々と協働し，よりよい生活の実現に向けて，生活を工夫し創造しようとする実践的な態度を養う。

2　内容

A　家族・家庭生活

次の(1)から(4)までの項目について，課題をもって，家族や地域の人々と協力・協働し，よりよい家庭生活に向けて考え，工夫する活動を通して，次の事項を身に付けることができるよう指導する。

(1) 自分の成長と家族・家庭生活
ア　自分の成長と家族や家庭生活との関わりが分かり，家族・家庭の基本的な機能について理解するとともに，家族や地域の人々と協力・協働して家庭生活を営む必要があることに気付くこと。
(2) 幼児の生活と家族
ア　次のような知識を身に付けること。
(ア) 幼児の発達と生活の特徴が分かり，子供が育つ環境としての家族の役割について理解すること。
(イ) 幼児にとっての遊びの意義や幼児との関わり方について理解すること。
イ　幼児とのよりよい関わり方について考え，工夫すること。
(3) 家族・家庭や地域との関わり
ア　次のような知識を身に付けること。
(ア) 家族の互いの立場や役割が分かり，協力することによって家族関係をよりよくできることについて理解すること。
(イ) 家庭生活は地域との相互の関わりで成り立っていることが分かり，高齢者など地域の人々と協働する必要があることや介護など高齢者との関わり方について理解すること。
イ　家族関係をよりよくする方法及び高齢者など地域の人々と関わり，協働する方法について考え，工夫すること。
(4) 家族・家庭生活についての課題と実践
ア　家族，幼児の生活又は地域の生活の中から問題を見いだして課題を設定し，その解決に向けてよりよい生活を考え，計画を立てて実践できること。

B　衣食住の生活

次の(1)から(7)までの項目について，課題をもって，健康・快適・安全で豊かな食生活，衣生活，住生活に向けて考え，工夫する活動を通して，次の事項を身に付けることができるよう指導する。

(1) 食事の役割と中学生の栄養の特徴
ア　次のような知識を身に付けること。
(ア) 生活の中で食事が果たす役割について理解すること。
(イ) 中学生に必要な栄養の特徴が分かり，健康によい食習慣について理解すること。
イ　健康によい食習慣について考え，工夫すること。
(2) 中学生に必要な栄養を満たす食事
ア　次のような知識を身に付けること。
(ア) 栄養素の種類と働きが分かり，食品の栄養的な特質について理解すること。
(イ) 中学生の1日に必要な食品の種類と概量が分かり，1日分の献立作成の方法について理解すること。
イ　中学生の1日分の献立について考え，工夫すること。
(3) 日常食の調理と地域の食文化
ア　次のような知識及び技能を身に付けること。
(ア) 日常生活と関連付け，用途に応じた食品の選択について理解し，適切にできること。
(イ) 食品や調理用具等の安全と衛生に留意した管理について理解し，適切にできること。
(ウ) 材料に適した加熱調理の仕方について理解し，基礎的な日常食の調理が適切にできること。
(エ) 地域の食文化について理解し，地域の食材を用いた和食の調理が適切にできること。
イ　日常の1食分の調理について，食品の選択や調理の仕方，調理計画を考え，工夫すること。
(4) 衣服の選択と手入れ
ア　次のような知識及び技能を身に付けること。

(ア) 衣服と社会生活との関わりが分かり，目的に応じた着用，個性を生かす着用及び衣服の適切な選択について理解すること。
(イ) 衣服の計画的な活用の必要性，衣服の材料や状態に応じた日常着の手入れについて理解し，適切にできること。
イ 衣服の選択，材料や状態に応じた日常着の手入れの仕方を考え，工夫すること。
(5) 生活を豊かにするための布を用いた製作
ア 製作する物に適した材料や縫い方について理解し，用具を安全に取り扱い，製作が適切にできること。
イ 資源や環境に配慮し，生活を豊かにするために布を用いた物の製作計画を考え，製作を工夫すること。
(6) 住居の機能と安全な住まい方
ア 次のような知識を身に付けること。
(ア) 家族の生活と住空間との関わりが分かり，住居の基本的な機能について理解すること。
(イ) 家庭内の事故の防ぎ方など家族の安全を考えた住空間の整え方について理解すること。
イ 家族の安全を考えた住空間の整え方について考え，工夫すること。
(7) 衣食住の生活についての課題と実践
ア 食生活，衣生活，住生活の中から問題を見いだして課題を設定し，その解決に向けてよりよい生活を考え，計画を立てて実践できること。

C 消費生活・環境
次の(1)から(3)までの項目について，課題をもって，持続可能な社会の構築に向けて考え，工夫する活動を通して，次の事項を身に付けることができるよう指導する。
(1) 金銭の管理と購入
ア 次のような知識及び技能を身に付けること。
(ア) 購入方法や支払い方法の特徴が分かり，計画的な金銭管理の必要性について理解すること。
(イ) 売買契約の仕組み，消費者被害の背景とその対応について理解し，物資・サービスの選択に必要な情報の収集・整理が適切にできること。
イ 物資・サービスの選択に必要な情報を活用して購入について考え，工夫すること。
(2) 消費者の権利と責任
ア 消費者の基本的な権利と責任，自分や家族の消費生活が環境や社会に及ぼす影響について理解すること。
イ 身近な消費生活について，自立した消費者としての責任ある消費行動を考え，工夫すること。
(3) 消費生活・環境についての課題と実践
ア 自分や家族の消費生活の中から問題を見いだして課題を設定し，その解決に向けて環境に配慮した消費生活を考え，計画を立てて実践できること。

3 内容の取扱い
(1) 各内容については，生活の科学的な理解を深めるための実践的・体験的な活動を充実すること。
(2) 内容の「A家族・家庭生活」については，次のとおり取り扱うものとする。
ア (1)のアについては，家族・家庭の基本的な機能がAからCまでの各内容に関わっていることや，家族・家庭や地域における様々な問題について，協力・協働，健康・快適・安全，生活文化の継承，持続可能な社会の構築等を視点として考え，解決に向けて工夫することが大切であることに気付かせるようにすること。
イ (1)，(2)及び(3)については，相互に関連を図り，実習や観察，ロールプレイングなどの学習活動を中心とするよう留意すること。
ウ (2)については，幼稚園，保育所，認定こども園などの幼児の観察や幼児との触れ合いができるよう留意すること。アの(ｱ)については，幼児期における周囲との基本的な信頼関係や生活習慣の形成の重要性についても扱うこと。
エ (3)のアの(イ)については，高齢者の身体の特徴についても触れること。また，高齢者の介護の基礎に関する体験的な活動ができるよう留意すること。イについては，地域の活動や行事などを取り上げたり，他教科等における学習との関連を図ったりするよう配慮すること。
(3) 内容の「B衣食住の生活」については，次のとおり取り扱うものとする。
ア 日本の伝統的な生活についても扱い，生活文化を継承する大切さに気付くことができるよう配慮すること。
イ (1)のアの(ア)については，食事を共にする意義や食文化を継承することについても扱うこと。
ウ (2)のアの(ア)については，水の働きや食物繊維についても触れること。
エ (3)のアの(ア)については，主として調理実習で用いる生鮮食品と加工食品の表示を扱うこと。(ウ)については，煮る，焼く，蒸す等を扱うこと。また，魚，肉，野菜を中心として扱い，基礎的な題材を取り上げること。(エ)については，だしを用いた煮物又は汁物を取り上げること。また，地域の伝統的な行事食や郷土料理を扱うこともできること。
オ 食に関する指導については，技術・家庭科の特質に応じて，食育の充実に資するよう配慮すること。
カ (4)のアの(ア)については，日本の伝統的な衣服である和服について触れること。また，和服の基本的な着装を扱うこともできること。さらに，既製服の表示と選択に当たっての留意事項を扱うこと。(イ)については，日常着の手入れは主として洗濯と補修を扱うこと。
キ (5)のアについては，衣服等の再利用の方法についても触れること。
ク (6)のアについては，簡単な図などによる住空間の構想を扱うこと。また，ア及びイについては，内容の「A家族・家庭生活」の(2)及び(3)との関連を図ること。さらに，アの(ｲ)及びイについては，自然災害に備えた住空

間の整え方についても扱うこと。
(4) 内容の「C消費生活・環境」については，次のとおり取り扱うものとする。
ア (1)及び(2)については，内容の「A家族・家庭生活」又は「B衣食住の生活」の学習との関連を図り，実践的に学習できるようにすること。
イ (1)については，中学生の身近な消費行動と関連を図った物資・サービスや消費者被害を扱うこと。アの(ア)については，クレジットなどの三者間契約についても扱うこと。

第3 指導計画の作成と内容の取扱い

1 指導計画の作成に当たっては，次の事項に配慮するものとする。
(1) 題材など内容や時間のまとまりを見通して，その中で育む資質・能力の育成に向けて，生徒の主体的・対話的で深い学びの実現を図るようにすること。その際，生活の営みに係る見方・考え方や技術の見方・考え方を働かせ，知識を相互に関連付けてより深く理解するとともに，生活や社会の中から問題を見いだして解決策を構想し，実践を評価・改善して，新たな課題の解決に向かう過程を重視した学習の充実を図ること。
(2) 技術分野及び家庭分野の授業時数については，3学年間を見通した全体的な指導計画に基づき，いずれかの分野に偏ることなく配当して履修させること。その際，各学年において，技術分野及び家庭分野のいずれも履修させること。
家庭分野の内容の「A家族・家庭生活」の(4)，「B衣食住の生活」の(7)及び「C消費生活・環境」の(3)については，これら三項目のうち，一以上を選択し履修させること。その際，他の内容と関連を図り，実践的な活動を家庭や地域などで行うことができるよう配慮すること。
(3) 技術分野の内容の「A材料と加工の技術」から「D情報の技術」まで，及び家庭分野の内容の「A家族・家庭生活」から「C消費生活・環境」までの各項目に配当する授業時数及び各項目の履修学年については，生徒や学校，地域の実態等に応じて，各学校において適切に定めること。その際，家庭分野の内容の「A家族・家庭生活」の(1)については，小学校家庭科の学習を踏まえ，中学校における学習の見通しを立てさせるために，第1学年の最初に履修させること。
(4) 各項目及び各項目に示す事項については，相互に有機的な関連を図り，総合的に展開されるよう適切な題材を設定して計画を作成すること。その際，生徒や学校，地域の実態を的確に捉え，指導の効果を高めるようにすること。また，小学校における学習を踏まえるとともに，高等学校における学習を見据え，他教科等との関連を明確にして系統的・発展的に指導ができるようにすること。

さらに，持続可能な開発のための教育を推進する視点から他教科等との連携も図ること。
(5) 障害のある生徒などについては，学習活動を行う場合に生じる困難さに応じた指導内容や指導方法の工夫を計画的，組織的に行うこと。
(6) 第1章総則の第1の2の(2)に示す道徳教育の目標に基づき，道徳科などとの関連を考慮しながら，第3章特別の教科道徳の第2に示す内容について，技術・家庭科の特質に応じて適切な指導をすること。

2 第2の内容の取扱いについては，次の事項に配慮するものとする。
(1) 指導に当たっては，衣食住やものづくりなどに関する実習等の結果を整理し考察する学習活動や，生活や社会における課題を解決するために言葉や図表，概念などを用いて考えたり，説明したりするなどの学習活動の充実を図ること。
(2) 指導に当たっては，コンピュータや情報通信ネットワークを積極的に活用して，実習等における情報の収集・整理や，実践結果の発表などを行うことができるように工夫すること。
(3) 基礎的・基本的な知識及び技能を習得し，基本的な概念などの理解を深めるとともに，仕事の楽しさや完成の喜びを体得させるよう，実践的・体験的な活動を充実すること。また，生徒のキャリア発達を踏まえて学習内容と将来の職業の選択や生き方との関わりについても扱うこと。
(4) 資質・能力の育成を図り，一人一人の個性を生かし伸ばすよう，生徒の興味・関心を踏まえた学習課題の設定，技能の習得状況に応じた少人数指導や教材・教具の工夫など個に応じた指導の充実に努めること。
(5) 生徒が，学習した知識及び技能を生活に活用したり，生活や社会の変化に対応したりすることができるよう，生活や社会の中から問題を見いだして課題を設定し解決する学習活動を充実するとともに，家庭や地域社会，企業などとの連携を図るよう配慮すること。

3 実習の指導に当たっては，施設・設備の安全管理に配慮し，学習環境を整備するとともに，火気，用具，材料などの取扱いに注意して事故防止の指導を徹底し，安全と衛生に十分留意するものとする。
その際，技術分野においては，正しい機器の操作や作業環境の整備等について指導するとともに，適切な服装や防護眼鏡・防塵マスクの着用，作業後の手洗いの実施等による安全の確保に努めることとする。
家庭分野においては，幼児や高齢者と関わるなど校外での学習について，事故の防止策及び事故発生時の対応策等を綿密に計画するとともに，相手に対する配慮にも十分留意するものとする。また，調理実習については，食物アレルギーにも配慮するものとする。

実習の指導 （小学校学習指導要領解説-家庭編-平成29年6月 第3章 指導計画の作成と内容の取扱い 3 実習の指導より）

　家庭科は，実践的・体験的な活動を通して学習することを特徴としているので，その中心的な学習活動である調理や製作などの実習を安全かつ効果的に進めるために，次の事項に配慮し，事故の防止に留意する必要がある。

> 3　実習の指導に当たっては，次の事項に配慮するものとする。
>
> (1) 施設・設備の安全管理に配慮し，学習環境を整備するとともに，熱源や用具，機械などの取扱いに注意して事故防止の指導を徹底すること。
> (2) 服装を整え，衛生に留意して用具の手入れや保管を適切に行うこと。
> (3) 調理に用いる食品については，生の魚や肉は扱わないなど，安全・衛生に留意すること。また，食物アレルギーについても配慮すること。

(1) 施設・設備の安全管理に配慮し，学習環境を整備するとともに，熱源や用具，機械などの取扱いに注意して事故防止の指導を徹底すること。

　実習室の安全管理については，各学校の実態に即し，機器類の使い方を含めて実習室の使い方に関する安全規則を定め，これらを掲示したり，指導計画の中に位置付けたりすることが大切である。また，事故や災害が発生した場合の応急措置や連絡等，緊急時の対応についても指導の徹底を図るようにする。実習室の学習環境については，採光，通風，換気等に留意するとともに，児童の作業能率や動線等を考慮して設備を配備したり，作業台の間隔を十分確保したりするなど，事故防止に努める。
　さらに，設備の安全管理については，指導者が学習前後に機器類の安全確認を行うとともに，定期的な点検を実施するなど，常に最良の状況を保持できるように留意する。
　なお，実習室の管理に当たっては，学習環境の整った実習室そのものが，児童の学習意欲を高める効果があることに留意し，題材に関する資料や，児童の主体的な学習を支える教材等を実習室内に掲示するなど，児童の学習意欲を喚起するような工夫も必要である。
　一方，児童の安全指導については，実習に際して常に安全管理と事故の防止に努めることが大切であることを理解させ，それらを安全に扱うことができるようにし，基本的な操作を身に付けるように指導する。さらに，使用場所や用具の配置の仕方で作業の能率が高まり，事故の防止に役立つことにも気付かせるようにする。
　例えば，調理実習では，調理台の整理・整頓や用具の配置などを工夫させる。また，熱源の回りにふきんやノート類などの燃えやすい物を置かないことや，熱源の適切な点火・消火の確認や調理中の換気について指導する。加熱用調理器具の余熱にも注意させる。洗剤類の保管についても，誤用のないように十分留意する。
　また，製作実習では，針の本数の確認や折れた針の始末などを徹底させるとともに，アイロンについては，使用場所や置き方に留意し，火傷などを引き起こさないように指導する。機械については，例えば，ミシンなど重量のある物の配置，コードの取扱い方などについて十分に配慮させる。

(2) 服装を整え，衛生に留意して用具の手入れや保管を適切に行うこと。

　服装については，活動がしやすく安全性に配慮したものを準備して着用するように指導する。例えば，調理実習での服装は，清潔で，付いた汚れが分かりやすいエプロン等を身に付けさせたり，袖口をまくったり腕カバーを付けたりするなどして作業に適したものを用いることや，髪の毛などが食品や調理器具などに触れないように三角巾を着けるなどの工夫をさせる。
　なお，製作や調理実習の前には手指を十分に洗うなど衛生面にも留意するように指導する。
　調理実習における用具の手入れについては，次のことに留意して指導する。
・加熱用調理器具は，回りの汚れを拭き取ること。
・調理用具は，使用したらなるべく早く丁寧に洗い，よく水気を取るようにすること。
・油の汚れは，紙や古い布などで拭き取ってから洗うようにすること。
・包丁は，安全に気を付けてよく洗い，水気を拭き取ること。
・まな板は，使用後，流し水をかけながら洗い，十分乾燥すること。
・ふきんは，洗剤を用いて洗い，直射日光に当てて乾燥すること。
　用具の保管については，安全や衛生に留意して収納させる。例えば，調理実習については，茶碗などを重ねすぎないようにしたり，清潔な場所に収納したりするようにする。また，製作実習においては，使用する針類，はさみ類，アイロン，ミシンなどの用具の安全な保管方法についても指導を徹底するとともに，アイロンは冷めてから収納場所に保管する，包丁やはさみは本数を確認し，保管箱に入れたりカバーを付けたりするなど，保管には十分留意し，常に安全管理に努めるように指導する。

(3) 調理に用いる食品については，生の魚や肉は扱わないなど，安全・衛生に留意すること。また，食物アレルギーについても配慮すること。

　米飯とみそ汁，青菜とじゃがいも以外は題材を指定していないため，地域や学校，児童の実態に応じた多様な食品を用いることになる。調理に用いる材料は安全や衛生を考えて選択するようにする。児童が家庭から持参する場合は，実習の前に指導者が腐敗していないか匂いや色などを確かめたり，実習時間までの保管に十分留意したりする。特に，生の魚や

参 考 資 料

　肉については調理の基礎を学習していない小学校の段階では，生の魚や肉の加熱不足が生じやすく，食品や調理器具等の衛生的な取扱いが難しいことから，用いないようにする。卵を用いる場合には，新鮮であることを確認し，加熱調理をするように指導する。

　また，食物アレルギーについては，児童の食物アレルギーに関する正確な情報の把握に努め，発症の原因となりやすい食物の管理や，発症した場合の緊急時対応について各学校の基本方針等をもとに事前確認を行うとともに，保護者や関係機関等との情報共有を確実に行い，事故の防止に努めるようにする。具体的には，調理実習で扱う材料にアレルギーの原因となる物質を含む食品が含まれていないかを確認する。食品によっては直接口に入れなくても，手に触れたり，調理したときの蒸気を吸ったりすることで発症する場合もあるので十分配慮する。

特別支援教育 （文部科学省Webページより。一部を除く）

1　特別支援学校

　特別支援学校では，幼稚園，小学校，中学校，高等学校に準ずる教育を行うとともに，障害に基づく種々の困難を改善・克服するために，「自立活動」という特別の指導領域が設けられています。また，子どもの障害の状態等に応じた弾力的な教育課程が編成できるようになっています。
　なお，知的障害者を教育する特別支援学校については，知的障害の特徴や学習上の特性などを踏まえた独自の教科及びその目標や内容が示されています。

2　特別支援学級

　特別支援学級は，基本的には，小学校・中学校の学習指導要領に沿って教育が行われますが，子どもの実態に応じて，特別支援学校の学習指導要領を参考として特別の教育課程も編成できるようになっています。

3　通級による指導

　通級による指導は，障害の状態に応じた特別の指導（自立活動の指導等）を特別の指導の場（通級指導教室）で行うことから，通常の学級の教育課程に加え，又はその一部に替えた特別の教育課程を編成することができるようになっています。

4　通常の学級

　通常の学級に在籍する障害のある子どもについては，その実態に応じ，指導内容や指導方法を工夫することとされています。

参考情報

○おもな関係法令・通知等
「発達障害者支援法」（平成16年12月10日法律167号）
「発達障害のある児童生徒等への支援について」（平成17年4月1日付け17文科初第211号文部科学省関係局長連名通知）
「特別支援教育を推進するための制度の在り方について」（平成17年12月8日中央教育審議会答申）
「学校教育法施行規則の一部改正等について」（平成18年3月31日付け17文科初第1177号文部科学省初等中等教育局長通知）
「学校教育法等の一部を改正する法律」（平成18年6月21日法律第80号）
「特別支援教育の推進のための学校教育法等の一部改正について」（平成18年7月18日付け18文科初第446号文部科学事務次官通知）
「学校教育法等の一部を改正する法律の施行に伴う関係政令等の整備について」（平成19年3月30日付け18文科初第1290号文部科学事務次官通知）

「障害を理由とする差別の解消の推進に関する法律（障害者差別解消法）」（平成23年6月26日公布，平成28年4月1日施行）
「障害者の権利に関する条約」（平成26年1月批准,同年2月発効）
　→日本における「インクルーシブ教育」が開始
「学校教育法施行規則の１部を改正する省令」（平成28年12月9日公布，平成30年4月1日施行）→高校における通級教育が開始

○ガイドラインの活用
　教育委員会及び学校が，発達障害のある児童生徒への教育支援体制を整備する際には，文部科学省において作成した下記ガイドラインを参照されたい。このガイドラインには，校長，特別支援教育コーディネーター，教員等が具体的に行うべきことについても収録されている。
　「小・中学校におけるLD（学習障害），ADHD（注意欠陥／多動性障害），高機能自閉症の児童生徒への教育支援体制の整備のためのガイドライン（試案）」
http://www.mext.go.jp/a_menu/shotou/tokubetsu/material/1298152.htm

○インターネットによる情報
　文部科学省及び独立行政法人国立特別支援教育総合研究所の刊行物やホームページなどで提供する情報についても，下記により適宜参照されたい。
文部科学省特別支援教育関係ホームページ：
http://www.mext.go.jp/a_menu/shotou/tokubetu/main.htm
（※特別支援教育に関することへリンク）

独立行政法人国立特別支援教育総合研究所ホームページ：
http://www.nise.go.jp/
（※独立行政法人 国立特別支援教育総合研究所ホームページへリンク）

編著
- 内野　紀子（うちの　のりこ）　元日本女子大学教授
- 鳴海　多惠子（なるみ　たえこ）　東京学芸大学名誉教授
- 石井　克枝（いしい　かつえ）　淑徳大学教授・千葉大学名誉教授
- 堀内　かおる（ほりうち　かおる）　横浜国立大学教授

監修
- 櫻井　純子（さくらい　じゅんこ）　元帝京平成大学教授・元滋賀大学教授

執筆・編集
- 家庭科教育研究会
- 開隆堂編集部

本文レイアウト　○うちきばがんた
本文イラスト　　○中路和夫
　　　　　　　　○渡辺和子
表紙イラスト　　○タケイ・E・サカエ
表紙デザイン　　○ネオパル株式会社

平成29年版学習指導要領対応
はじめての家庭科指導

平成30年5月1日発行

編　著　内野　紀子／鳴海　多惠子／石井　克枝／堀内　かおる
監　修　櫻井　純子
発行者　大熊　隆晴
発行所　開隆堂出版株式会社
　　　　〒113-8608　東京都文京区向丘1丁目13番1号
　　　　http://www.kairyudo.co.jp
印刷所　株式会社大熊整美堂
発売元　開隆館出版販売株式会社
　　　　〒113-8608　東京都文京区向丘1丁目13番1号
　　　　電話 03(5684)6118
　　　　振替 00100-5-55345

定価はカバーに表示してあります。　ISBN 978-4-304-02156-5
本書の内容を，無断で転載または複製することは，
著作者および出版社の権利の侵害となりますので，かたく禁じます。
©Kairyudo, 2018